探索奥秘世界百科丛书

探索中华历史奥秘

谢宇　主编

花山文艺出版社

河北·石家庄

图书在版编目（CIP）数据

探索中华历史奥秘 / 谢宇主编. — 石家庄：花山
文艺出版社，2012（2022.3重印）
　（探索奥秘世界百科丛书）
　ISBN 978-7-5511-0657-3

Ⅰ.①探… Ⅱ.①谢… Ⅲ.①中国历史－青年读物②
中国历史－少年读物 Ⅳ.①K209

中国版本图书馆CIP数据核字(2012)第248575号

丛 书 名：探索奥秘世界百科丛书
书 　 名：探索中华历史奥秘
主 　 编：谢　宇
责任编辑：梁东方
封面设计：袁　野
美术编辑：胡彤亮
出版发行：花山文艺出版社（邮政编码：050061）
　　　　　　（河北省石家庄市友谊北大街 330号）
销售热线：0311-88643221
传 　 真：0311-88643234
印 　 刷：北京一鑫印务有限责任公司
经 　 销：新华书店
开 　 本：700×1000　1/16
印 　 张：10
字 　 数：150千字
版 　 次：2013年1月第1版
　　　　　　2022年3月第2次印刷
书 　 号：ISBN 978-7-5511-0657-3
定 　 价：38.00元

前　言

我们生活的世界，是个十分有趣、错综复杂而又充满神秘的世界。然而，正是这样一个奇妙无比的世界，为我们提供了一个领略无穷奥秘的机会，更为我们提供了一个永无止境的探索空间……

在浩瀚的宇宙中，蕴藏着包罗万象的无穷奥秘；在我们生活的地球上，存在着众多扑朔迷离的奇异现象；在千变万化的自然界中，存在着种种奇异的超自然现象。所有的这些，都笼罩在一种神秘的气氛中，令人费解。直到今天，人们依旧不能完全揭开这些未知奥秘的神秘面纱。也正因如此，科学家们以及具有旺盛求知欲的爱好者对这些未知的奥秘有着浓厚的探索兴趣。每一个疑问都激发人们探索的力量，每一步探索都使人类的智慧得以提升。

为了更好地激发青少年朋友们的求知欲，最大程度地满足青少年朋友的好奇心，最大限度地拓宽青少年朋友的视野，我们特意编写了这套《探索奥秘世界百科丛书》丛书，丛书分为《探索中华历史奥秘》《探索世界历史奥秘》《探索巨额宝藏奥秘》《探索考古发掘奥秘》《探索地理发现奥秘》《探索远逝文明奥秘》《探索外星文明奥秘》《探索人类发展奥秘》《探索无穷宇宙奥秘》《探索神奇自然奥秘》十册，丛书将自然之谜、神秘宝藏、宇宙奥秘、考古谜团等方面最经典的奥秘以及未解谜团一一呈现在青少年朋友们的面前。并从科学的角度出发，将所有扑朔迷离的神秘现象娓娓道来，与青少年朋友们一起畅游瑰丽多姿的奥秘世界，一起探索令人费解的科学疑云。

丛书对世界上一些尚未破解的神秘现象产生的原理进行了生动的剖析，揭示出谜团背后隐藏的玄机；讲述了人类探索这些奥秘的进程，尚存的种种疑惑以及各种大胆的推测。有些内容现在已经有了科学的解释，有些内容尚待进一步研究。相信随着科学技术的不断发展，随着人类对地球、外星文明探索的进展，相关的未解之谜将会一个个被揭开，这也是丛书编写者以及广大读者们的共同心愿。

丛书集知识性、趣味性于一体，能够使青少年读者在领略大量未知神奇现象的同时，正确了解和认识我们生活的这个世界，能够启迪智慧、开阔视野、增长知识，激发科学探寻的热情和挑战自我的勇气！让广大青少年读者学习更加丰富全面的课外知识，掌握开启未知世界的智慧之门！

朋友们，现在，就让我们翻开书，一起去探索世界的无穷奥秘吧！

编者

2012年8月

目　录

中国人起源之谜

◉ ◉ ◉ ◉ ◉ ◉ ◉

我们从哪里来？人类是怎么起源的？13亿中国人的祖先到底是谁？

中国神话传说中有盘古开天地的说法。巨人盘古用一把利斧劈开混沌，将天地分开。他死后，气息化成风和云，声音变成轰轰的雷声，左眼化为太阳，右眼化为月亮，手足与四肢变成大地的四极与五方的名山，血液化成江河，筋脉铺成道路，肌肉形成田地，须发成为星星，牙齿和骨骼化为金属、珍珠、玉石，汗水成为滋润万物生长的甘霖和雨露。

盘古之后，出现了女娲。她按照自己的形象，"抟黄土造人"。有一天，女娲来到一处清澈的水池边，就在池边蹲下身来，拿起黄泥，按照自己的模样，做了一个泥人。当她把这个泥人放到地面时，泥人竟然活了。女娲不知疲倦地塑造出许多男人女人来。这些赤裸的人围着女娲欢呼跳跃，虔诚地感谢她，然后就分散到各地去了。但人总是要死的，为了不使人类灭绝，女娲就替人类建立了婚姻关系，命男女们互相找配偶，让他们生儿育女，一代一代地繁衍下去。

尽管女娲造人的传说如此优美，但今天的人们受达尔文进化论的影响，大多数人相信人是从猿变来的，具体到中国人起源问题，目前存在两种争论，一种是"北京猿人说"，一种是"非洲夏娃说"。

北京猿人简称"北京人"，化石最早于1929年出土于北京西南周口店龙骨山的山洞中，共发掘出头盖骨6个，面骨6块，下颚骨15块，牙齿157颗，头骨碎片12块，肱骨3段，肢骨7段，胫骨1段，锁骨1根。经古人类学家的研究发现，它们分属于40个个体。研究周口店遗址地层，发现北京猿人最早生活于距今70万年，最晚生活于距今23万年前。长期以来，在中国发现的各期人类化石，如云南元谋猿人化石、陕西蓝田猿人化石与北京猿人化石具有相似的特点：颜面部比较扁平，鼻梁不高，眼眶呈长方形，都有铲形门齿。因此，很多学者力主中国人起源于中国境内的同一个人种，并以"北京猿人"命名。1987年，美国加州大学遗传学家坎恩等人，通过研究来自非洲、欧洲、亚洲、巴布亚新几内亚等地148位妇女身上的线粒体DNA，发现各大洲人种中，以非洲人变异最多，从而证明非洲人历史在各大陆为最长，计算发现现代非洲人历史达20万年，而欧亚大陆现代人历史只有13万年，由此断定现代人类起源于同一个非洲祖先，他们称其为"非洲夏娃"。

1999年，大约20位中国遗传学家，通过研究中国28个人类群体的DNA的Y染色体上的遗传标记，认为中国人起源于非洲。认为大约6万年前，一部分非洲人从亚洲东南部往北迁移到中国，成为中国人的祖先。

而一些考古发现让人越来越迷惑不解。比如，在中国云南富源县三叠纪岩石上面发现了四个人的脚印，据考证这些岩石已有2.35亿年的历史。如果按照"非洲夏娃说"，13万年前非洲人才来到中国，2.35亿年前怎么会有人的脚印呢？在世界各地，此类令人吃惊的发现也为数不少。目前一些大胆的科学家提出了史前文明和史前文化的概念，认为本次人类文明之前，在地球上还存在过其他人类文明。

中国人的起源是什么样的呢？恐怕只有随着考古发现的深入和科学技术的进一步发展，才能得出令人信服的答案。

北京猿人头像

北京猿人化石之谜

● ● ● ● ● ● ● ●

北京周口店出土的猿人头盖骨化石，为解开人类进化之谜，揭示中国人起源之谜提供了一线曙光……然而，令人十分痛心的是，所有20世纪二三十年代发现的北京猿人化石，均于1941年的太平洋战争中，在美国人手中失踪，至今不知去向，成为一个不解之谜。

周口店位于北京市西南郊的西山脚下，从很早的时候起就有人在那里开采石灰，挖掘"龙骨"（即古动物化石）。1918年，当时地质调查所的矿业顾问瑞典地质学家安特生来到周口店鸡骨山，发现有丰富的哺乳动物化石。1921年安特生等人又访问了鸡骨山，并由当地矿工引导在鸡骨山北约2千米的龙骨山，找到了一个化石更为丰富的地点，并预言在那里会发现人类化石

及其遗物。1927年正式组织发掘。

1928年，大学刚毕业的裴文中满怀希望来到了周口店参加发掘工作。1929年12月2日下午，奇迹终于出现了，一个完整的猿人头盖骨化石，出现在工作人员的面前，一切似乎都在预料之中，又好像突然地让人无法接受。这就是我们的祖先吗？那粗壮的眉骨，高突的颧骨，前伸的吻部，轮廓不甚明显的下颏，都和我们人类有很大的差别。但这正是人类自己的童年"北京猿人"化石成了中国的国宝。

北京人头骨化石的发掘，在考古史和人类发展史上具有重大的意义。这些出土的化石向我们展开了"从猿到人"进化转变的历史画卷。然而，这些化石在一次意外事件中不幸失踪了。

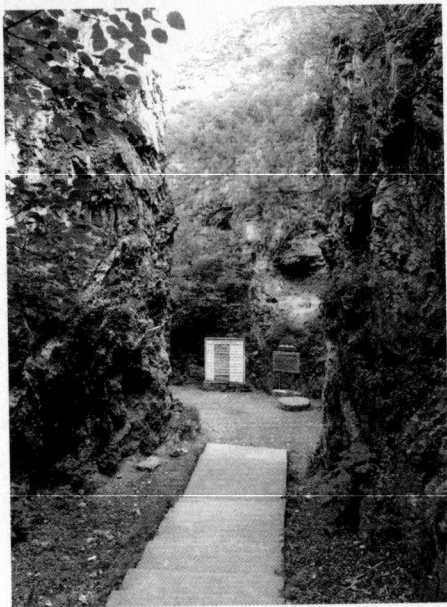

北京西南周口店猿人遗址

1937年7月，日本发动了全面的侵华战争，噩运降临中国，也同样威胁到了"北京猿人"。1937年7月9日，即抗日战争爆发的第三天，周口店北京猿人遗址的考古发掘工作停止。日本人对北京猿人化石垂涎欲滴，但因其未进行投资，无缘身列参观研究之列。为了预防北京猿人化石落入日本人之手，珍珠港事件前夕，在瑞典人类学家魏敦瑞的提议下，中国政府同意把北京猿人化石运到美国暂时保存。

1941年11月20日下午，协和医院负责文物库房管理的技师胡承志，得到指示将化石秘密装箱。北京猿人的4件头盖骨、10余件下颌骨、10余件面骨、100余件牙齿及少量肢骨等化石，全部装进了大木箱，并贴上了封条，运到美国大使馆，准备随美国海军陆战队运往美国。正当享受美国海军陆战队专门押运待遇的北京猿人化石"旅行"到秦皇岛时，日本挑起了珍珠港事件。装运北京猿人化石和美国海军陆战队的哈里逊号邮船，也受到日本人的跟踪，匆忙之中撞上了暗礁，不久沉没。

一支直接受命于日本天皇指挥的特种部队，很快找到了美国海军陆战队的专列、存放北京猿人化石的码头，但当木箱打开时，所有在场的人都惊呆了，箱子里面竟是空的，北京猿人化石不翼而飞了！

北京猿人化石究竟到哪里去了呢？"二战"后人们一直在搜寻，但迄今仍渺无踪影，成为历史上一宗大的谜案。

黄帝之谜

◉ ◉ ◉ ◉

在中国历史上，三皇五帝中，皇帝的名声最响，业绩累累，被视为中华民族的象征。然而，为什么称他为"黄帝"呢？据《淮南子·天文训》记载："东方木也，其帝太暭，其佐句芒，执规而治春；南方火也，其帝炎帝，其佐朱明（即祝融），执衡而治夏；中央土也，其帝黄帝；其佐后土，执绳而制四方；西方金也，其帝少昊，其佐蓐收，执矩而治秋；北方水也，其帝颛顼，其佐玄冥，执权而治冬。"也就是说，黄帝为五天帝之中央天帝，是管理四方的中央首领，又因专管土地，而土是黄色，故名"黄帝"。曲辰先生在其《轩辕黄帝史迹之谜》中指出，黄帝所处的时代，我国华北及全国大部分地区，已普遍进入农耕时期。黄帝征服各部落后，非常重视农业生产的发展。他命羲和占日，常仪占月，臾区占星气，大挠造干支，容成造历法，并按天时，审地利，播种百谷草木，教民节用水火材物，他还专门设立土地种植之官"后土"。这一切都使得当时的农业生产水平有了很大的提高，因此，古史记载便称他为"以土德而王"，因土地为黄色，故而称为"黄帝"。这种因对土地的崇拜而衍生的黄色崇尚，在后代的历史中进一步发展。后世的帝王们都要依据黄帝的故事，"数用五，服尚黄"，从而逐渐将黄色，演变成为一种权力和尊贵的象征。黄帝究竟是人还是神？这些至今仍然是一个谜。

蚩尤之谜

◉ ◉ ◉ ◉ ◉

人们常说："胜者王侯败者寇"，可是，在五千多年前中原涿鹿发生的一场殊死大战中，蚩尤战败被杀，不但没遭到鄙视、唾骂，相反却被历代帝王和民间百姓尊奉为"兵主"、"战神"，顶礼膜拜。这使现代的人们不禁产生了极大的疑问：蚩尤究竟是人？是神？是怪物？还是外星的来客？……

对蚩尤这个神话传说人物，神话中夹有传说，传说中也有神话，自古以来众说纷纭。有的说是天子，有的说是诸侯，有的说是庶民，有的说是东夷族的首领，有的说是南方苗族的首领，有的说有两个蚩尤，有的说蚩尤只是星象名，没有蚩尤这个人物。有的说蚩尤有81个兄弟，有的说有72个兄弟。关于蚩尤的长相：有的说人身牛蹄，四目六手，有的说八只手八条腿，有的说肩上长有两个肉翅膀，能"飞空走险"，有的说他的牙齿长二寸……。

现在，学术界对蚩尤的说法也很不一致。范文澜在《中国通史简编》中说：蚩尤是南方苗蛮族的首领，其中九黎族最早进入中原地区。九黎当为九个部落的联盟，每个部落又包含九个兄弟氏族，共81个兄弟氏族。蚩尤在81个兄弟之中当为81个兄弟氏族酋长。神话说他是兽身人言，吃砂石，铜头铁额，耳上生长的毛硬如戟剑，头上长角能触人。这大概是以猛兽为图腾的勇悍善斗的强大部落。他们首先与炎帝族接触，驱逐了炎帝族。后来，炎帝族请黄帝族帮助。黄帝和蚩尤在涿鹿大战一场，蚩尤战败被杀。经过长期斗争，蚩尤的九黎族失败后，一部分退回南方，一部分仍留在北方，建立了黎国，成了炎黄族的俘虏。直到西周时，还有黎民这一名称。

范老的说法，代表传统的见解。东汉郑玄曾说苗族是九黎族的后裔。清代章太炎也曾说："蚩尤为苗族酋豪，则历史言苗者始此。"

近年来，又出现了一个大胆的假说，认为蚩尤是一台智能机器人，涿鹿之战是有天外来客参战的星际战争，这给本来难解之谜，又增添了几分神奇色彩。

《世本·作篇》说："蚩尤作五兵：戈、矛、戟、酋矛、夷矛。"《管子·地数篇》说，他们用葛卢山流出的金属水，制成了剑、铠、矛、戟，又用雍狐山流出的金属水制成长戟、短戈。但近代考古学家在资料和实物上，根本找不到充分的证据，令人百思不得其解。

经考证，在许多的古代文化遗址中，仅有两处与炼铜有关。一处是与蚩尤大体相同年代的山东龙山文化遗址，挖掘出一些炼铜渣和孔雀石一类的炼铜原料，但却没有铜制兵器。另一处是河南二里头文化遗址，发现有青铜兵器，但经过碳14测定，这些兵器应该是夏朝的东西，那是距蚩尤以后一千年的事了。而蚩尤不但有大量兵器，且能用于大规模的实战，这是当时地球人能拥有的么？

黄帝一方虽然兵多将广，但都是肉体凡胎，使用的是木棒石块，当然对付不了拿着闪光锃亮戈矛的蚩尤一方。而且作为智能机器人，蚩尤呼风唤雨，拨云作雾，是当然的本领。黄帝欲战而胜之，只得请外援——"天外来客"助战。"玄女"鸟首人身，"应龙"则是一条有翼的龙，或许就是一条宇宙飞船吧。他们发出的喊声、鼓声可能是某种电波或声波，干扰、破坏了蚩尤的通讯系统或控制系统，蚩尤才战败被擒。

蚩尤死后，人们在山东寿张和巨野为他建了两座坟墓，都高达七丈。他的坟头上常有赤气冒出，像一匹绛色的帛，有如他活着的时候飞起或落地时尾部喷出的红焰，人们称之为"蚩尤旗"。这是不是他的天外伙伴在收拾残骸，研究失败原因，寻找"黑匣子"之类的遗物呢？

《述异记》记载，涿鹿战场上的冀州人挖掘出的蚩尤骨如"钢铁"，还说："今有蚩尤齿，长二寸，坚不可碎。"说"今有"，表明作者所在的时代（南朝·梁）此物尚存。推想开来，蚩尤的骨头应该是类似于钢铁却质轻如骨的高级合金，他的骨骼是一副多功能的机械装置，他死了，身首异处，即是被分散拆卸开了。

可见，在当时人们的眼中，蚩尤并不是一具可朽可腐的血肉之躯，而是代表着一种强大的、神秘的、超自然的力量。

没听说蚩尤酒色无度，荒淫无耻，没听说蚩尤嗜杀成性，涂炭生灵，仿佛没有人类君王的性格和感情，那么，是因为它的身体中没有情感装置？蹂躏地球生物不是它的使命？古籍中只评价"贪"——贪什么？贪取地球上的一切物质标本吧？这大概是外星人唯一的使命。

这种种假说、猜想怎样证实呢？只有期待科学技术的进步了。人类将在真正认识自己祖先的同时，才会真正地认识自己。

尧舜禅让之谜

⦿ ⦿ ⦿ ⦿ ⦿ ⦿

尧舜禅让的传说，是千古以来流传的美谈。儒家的祖宗孔子、孟子对此推崇备至，津津乐道，一再奉其为理想境界的准则。据古书记载，尧是三皇五帝中的第四个帝，姓伊祁，名放勋，号陶唐氏，简称唐尧。舜姓姚，名重华。史书上说，尧是主动把权位让给舜的，夸赞说这是"举贤"，是权力交接的典范，即"尧舜禅让"。其实，这本是远古时代的传说，并无文字记载，后来到春秋战国时期才形成文字。它是否真实、准确，历来就有人怀疑。

据《史记》记载，舜取得行政管理权以后，为了巩固自己的统治，立即扶植亲信，排除异己。历史上称为"举十六相"、"去四凶"。所谓"举十六相"，就是将尧长期排除在权力中心之外的"八恺"、"八元"，舜同时启用了。所谓"去四凶"，就是把尧正在宠信的浑沌、穷奇、杌、饕餮，同时除掉了。这样，就架空了尧。然后，舜又把尧软禁起来，不准他同儿子、亲友见面，再逼他让位。最后，把尧的儿子放逐到了丹水。尧让位之后就可以安享天年了，因为他毕竟是舜的岳父啊！

另外，也有人认为，不是"禅让"，而是"拥戴"。

孟子、荀子等人就认为，天子职位最高，权势最大，不可能把天下给人。那么，他们是怎样得到天下的呢？《孟子·万章篇》记载：尧死之后，舜避尧之子丹朱于南河之南，天下的诸侯，都跑来朝见舜，打官司的也来找舜，歌谣也是歌颂舜，于是舜就接受了大家的好意，登了帝位。也就是说，不管尧禅让不禅让，诸侯和民众一"拥戴"，天下就是舜的了。到了禹的时候，也照此办理。这种"拥戴"，与几千年后宋太祖陈桥兵变，黄袍加身，毫无两样。

"禅让"还是"拥戴"？历史总是谜案重重

此外，还有一说，颇为有趣，叫"畏劳"，意思是说，尧舜禅让，没有那么严肃和神圣，只不过人们不想担当这份辛苦的职务罢了。《庄子》说，尧想把天下给许由，许由不受。又要给州支父子，州支父子也找借口不受。他们为什么不愿意就帝位呢？韩非说，尧在位的时候，屋顶的茅草不整齐，房子的椽梁不雕饰，吃的粗粮，咽的野菜，冬天裹兽皮，夏天披葛布，现在，即使一个守城门的人，也比他收入高。谁愿意自己辛劳一生，还把这份辛劳留给自己的子孙后代，也遭这份罪呢？

对"尧舜禅让"精神领会得最深刻的，恐怕要数三国时期的曹丕。曹丕玩弄"禅让"把戏，逼迫汉献帝"退休"，坐上龙椅后他津津乐道地说："这下我可知道'尧舜禅让'是怎么回事了！"

看来，围绕"禅让"之说，不但千奇百怪的传说甚多，而且也不乏亲身"实践"之人。

传国玉玺和氏璧之谜

◉ ◉ ◉ ◉ ◉ ◉ ◉ ◉ ◉ ◉

　　和氏璧，一块价值连城的绝世美玉，一方英雄豪杰垂涎三尺的无价之宝，一段流芳百世的不朽传说。它虽然只是一方小小的玉石，但它的诞生，就注定其命运和尔虞我诈、腥风血雨的历史连在一起，甚至在某个特定的时期，它还能左右历史的发展。它伴随着一个动人的传说而来，它曾几度沉浮，多次无故地消失，然后又神秘地重现，而每一次重现，都会引发许多令人感叹的故事。有关它的故事、传说，从古至今一直为人们所津津乐道，到了今天，它仍然是一个无人能解的谜。

　　关于和氏璧的诞生，有一段凄惨动人的传说。相传春秋时期，楚国有一个叫卞和的人，一天在荆山（今湖北南漳县西）砍柴时发现了一块大青石，当时正有一只凤凰栖息在上面。凤凰不栖无宝之地，所以他认定这是一个宝物，便把石头弄回来，献给当时的国君楚厉王。昏庸暴虐的楚厉王认定这是一块普通的石头，说卞和犯了欺君之罪，便砍掉了他的左脚。楚厉王死后，楚武王继承王位，卞和又带着大青石去见楚武王，但不识货的楚武王又以同样的理由砍掉了卞和的右脚。待楚文王即位后，失去双足的卞和，抱着青石在荆山下哭了三天三夜，哭到双眼流血。楚文王知道这件事情后大为惊奇，派人接他入宫，问清他痛哭的原因，深为感动，便命人将这块石头剖开，果然发现一块晶莹无比的宝玉。于是楚文王命工匠将这块美玉雕成一块玉璧，同时为了纪念卞和献玉有功，将这块玉璧命名为"和氏璧"。

曲折动人的传说，为和氏璧笼罩了一层神秘的面纱，也预示了和氏璧在人类历史中，独一无二的价值和神秘莫测的命运。在它诞生的400年后，楚威王当政，把和氏璧赏给为楚国立了大功的相国昭阳，但后来昭阳在宴会上出示给客人看时不慎遗失了。50年后和氏璧才在赵国太监缪贤手中出现，但没多久就落到了赵惠王手中。在那个诸侯纷争的年代，和氏璧成了各国垂涎三尺的无价之宝，名垂青史的"完璧归赵"也就是在这个时候发生的。大智大勇的蔺相如，运用自己无比的智慧和勇气与和氏璧一起青史留名，也为和氏璧的传奇添上了浓墨重彩的一笔。

但和氏璧最终还是落到了秦国人手里，从此它的价值也发生了质的飞跃，同时，它也被赋予了新的历史使命。公元前228年，秦灭赵，和氏璧便到了秦始皇手中。秦始皇统一六国后，命宰相李斯在和氏璧上写下"受命于天，既寿永昌"八个字，让巧匠把这八个字刻在和氏璧上。从此，和氏璧就成

了皇帝专用的玉玺，秦始皇称之为"国玺"，梦想让这块玉玺代代相传，可事实并未如他所愿。

秦末楚汉之争时，刘邦率先进入咸阳，秦王子婴把传国玉玺献给了刘邦。刘邦称帝后，出于和秦始皇同样的想法，把和氏璧称为"汉传玉玺"，企图代代相传，但这一切也成为梦想。

公元8年，王莽篡夺西汉政权，向他姑母孝元皇太后索要玉玺。太后一怒之下，将玉玺摔在地上，玉玺一角被摔掉。后来王莽命巧匠将所缺一角用黄金补上，瑕不掩瑜，这无损和氏璧举世无双的价值。后来，和氏璧又落到汉光武帝刘秀手中，到东汉末年，和氏璧在战乱中被汉献帝遗失。

公元192年，长河太守孙坚讨伐祸乱朝廷的董卓，攻入了洛阳城。发现城南一水井中放射出耀眼的光芒，便派人打捞，结果打捞出脖子上挂一朱红小盒的女尸。打开小盒一看，里面所装的正是人们梦寐以求的传国之宝——和氏璧，从此和氏璧为孙坚所有。后来孙坚岘山战死，和氏璧落入军阀袁术手

中。袁术死后，和氏璧被广陵太守徐缪所得，为了讨好曹操，便把它献给了曹操。

司马氏统一天下，和氏璧理所当然到了晋朝宫中。西晋末年，由于战乱频繁，和氏璧不断易主，几经朝代变更，和氏璧又传到唐朝开国皇帝高祖李渊手中。李渊把和氏璧改称为"宝"，想作为他们李氏家族的传家宝代代流传，但同样这也只是一个梦想。到了五代十国，和氏璧彻底失踪了。

后来和氏璧又出现了几次，但都没有确切的证据证明它的真实性。宋哲宗绍圣年间，有人得到一块玉石，当作和氏璧献给当朝皇上。后经十几名学士、大臣考证，确认真的是传国之玺——和氏璧，但还是有很多人不相信这是真的。到了明朝弘治年间，又有人找到一块玉璧当作和氏璧献给皇帝，但孝宗皇帝认为是假的而没使用。清初，当时的故宫博物馆存有三十九块御印，其中一块被认为是和氏璧，但经乾隆皇帝钦定，证明是假的。到清朝灭亡，末代皇帝溥仪被驱逐出皇宫时，当时的警察总监还在追查玉玺的下落。

直到今天，和氏璧的下落还是一个谜，也许它已在不断的易主时丢失，也许在频繁的战乱中被毁灭，也许静静地躺在某个不为人知的角落，直到有一天突然出现在人们的眼前。

神秘的三星堆青铜器

◎ ◎ ◎ ◎ ◎ ◎ ◎ ◎ ◎

四川广汉三星堆，原是一个名不见经传的小地方，1986年7~9月，由于一次大型的考古发掘，发现了两个巨大的祭祀坑，使得大宗精品文物重见天日，引起了世界的瞩目。这些文物精美壮观，极具神秘色彩和艺术观赏性，有非常高的研究价值。其中出土的大批造型奇异的青铜雕塑品，在世界考古史上也是罕见之物，尤其三件神秘的青铜雕塑，更像一团团的迷雾，吸引着人们去探索、思考。

这三件珍品分别为青铜立人、青铜面具和青铜神树。

青铜立人：通高2.62米，分人像和基座两部分，人像高1.72米，头戴高冠，身着龙袍，手握金杖，一派王者气概，它是我国古代最大的青铜人造像。

青铜面具：造型雄奇，眼睛呈柱状外突，一双雕有纹饰的耳朵向两侧展开。面具宽1.37米，高0.65米，是世界上年代最早、形体最大的青铜面具。

青铜神树：高3.95米，由底座、树和龙三部分组成，九鸟巢枝，巨龙盘身，造型奇特，工艺精湛，是我国至今发现的形体最大的一件青铜文物，也是世界上最古老、最高大的青铜树。

这三件物品，留给人类的是一个又一个的谜团。这株巨大的青铜树是用来做什么的？那一对仰天长鸣的大鸟、那似可随风飘荡的仙果、那盘旋而下的巨龙想告诉我们什么？青铜面具为什么会有一双柱状的眼睛，是古三星堆人对眼睛单纯的崇拜吗？手握权杖，一副威武无比的样子，这是西方国王给我们留下的印象，中国古代的帝王都是用身穿的衣服和头戴的冠帽来表示自己的身份，从来没有使用权杖来显示自己的意识，这个手持金杖的王者，又带给我们一个难以破解的谜。

三星堆青铜雕塑，以世人前所未见的模样使学者们震惊，这三件造型奇异的青铜雕塑品，无一不给人耳目一新的感觉。然而历史告诉我们，古蜀国生产力低下，蜀人不可能创造出这么灿烂的文明。那么到底是谁创造了它们，而它们又是如何消失在地底，这些不速之客到底是何身份，又有何价值呢？这个问题困扰着一代又一代的学者，也激励着他们不断去努力，去探索。

关于三星堆文明的创造者，目前为止有三种不同的观点，即蚕丛国家说、鱼凫国家说和外来文明说。

青铜立人像

持"蚕丛国家说"的人认为：在中国古代，凡是创造文明的国家，在史书上或多或少都留有文字记载。四川地区由于自然环境的阻隔，战国以前同中原少有来往。从古籍文献中我们知道，川西平原地区古称为蜀，远古时就建立了国家。国王自称蚕丛氏，其外形特征为纵目，这和我们今天发现的青铜纵目面具的形象相吻合，这说明，三星堆文明，就是蚕丛氏国家创造的文明，这一说法目前得到很多人的支持。

持"鱼凫国家说"者同样地依据古籍的记载，他们认为古代川西平原确实有个叫蜀的国家，但它的国王并非蚕丛，而是鱼凫，所以这个国家又称为鱼凫氏王国。鱼凫王国以广汉为都城，国力强盛，曾经是中国西南地区政治、经济文化的中心。而鱼凫氏王国的活动区域，正好是三星堆文物分布的地区，因而他们认为，三星堆文明是由鱼凫氏国家创造的。

最奇特新颖的要数"外来文明说"，三星堆的青铜雕像，不仅在同期中国出土的文物中未见，在与

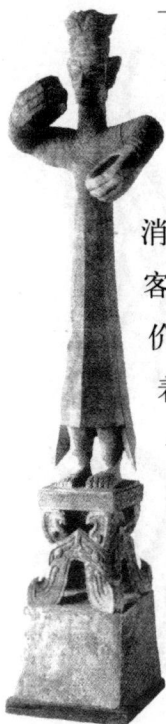

世界同期的古代遗物比较中，也没有发现近似的文明。

以古代蜀国的生产力水平，不可能有如此高超的铸造工艺。三星堆出土的各种青铜器和玉器，都不是当地传统文化的文物，也并非中国北方或南方古代民族中比较传统的文物，更不是四周相邻的古代部族中传统的文物。复杂的铸造工艺，奇特的器物造型，也不符合地球人的思维。因此，三星堆文明极可能不是出自人类文明，而是来自外星文明，是外星人根据自己的形象和思维创造的。因为在远古时代，也只有外来文明才可以创造这一奇迹。

三星堆文明的创造者成了一个未解之谜，而它的消失更成为谜中之谜。关于三星堆文明在古籍和文献中从无完整的记载，而有关它莫名其妙消失的原因更是无从考证。按常理，三星堆文明的典型因素——青铜人像的传说、纵目的习俗、青铜面具的习俗并非短期形成，更不应该不留任何痕迹，消失得无影无踪，就连四川境内和邻近地区稍晚的遗址中也没有任何痕

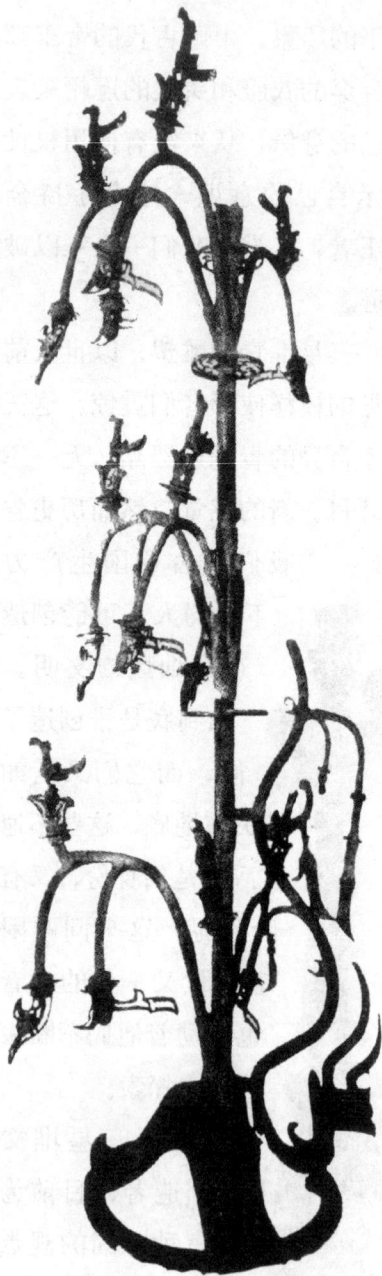

精致的文物，却有着解不开的谜

迹，这是一次彻底的消失。它为何突然消失？文明的创造者去了何方？如果他们因故离开，为何不在新的地区再续自己灿烂的文明？会不会是外星人彻底的把这种文明带走了？

神秘的三星堆文明，不仅具有考古和史学价值，而且具有政治、经济、艺术等方面的意义，它从物质形态和精神文化双重角度，为探索人类文明发展的进程，提供了可贵的实物资料。因此，一代又一代的人们在困惑中探索，试图解开一个又一个的疑团……

三星堆金杖之谜

◎ ◎ ◎ ◎ ◎ ◎ ◎

金杖是三星堆出土文物中，最引人注目的稀世珍宝之一。正因为这样，专家们意见最多，争议也最大。

杖，既是一种生活用具，也是一种装饰品。《山海经·海外北经》就有"夸父追日，弃其杖，化为邓林"之说。《山海经·海内经》说都广之野"灵寿实华"，这灵寿木就是做杖的好材料。《汉书·孔光传》"赐太师灵寿杖。"蜀山氏来自山区，用杖助力，更是一种必要的器具。至今，四川剑门藤杖，仍驰名中外。我国历代王朝，都有赐杖与老臣的惯例。《礼记·曲礼》："大夫七十而致事。若不得谢，则必赐之几杖。""谋与长者，必操几杖以从之。"而不同身份的人，手杖的装饰和长度都各不相同。戏曲中，皇家使用的"龙头拐杖"，虽是道具，长度就和金杖差不多。至于包金拐杖、包银拐杖、木杖、藤杖、竹杖……品种甚为复杂。鄙人孤陋，也还见刀杖、枪杖呢！而杖首杖身装饰各种花纹，各种造型，更是珍贵手杖所必有。否则，怎么表示自己的身价？既然可以表示身份，当然可以代表权力。

如果"权杖"不是三星堆唯一的现象，外来之说，就更值得商榷了。

夏代开国，"禹铸九鼎"，从此，易鼎成为权力转移的同义语。古蜀人为什么不用鼎而用"权杖"，这确实是个很大的问题，应该深入地进行研究。徐中舒先生在《古史传说与家族公有制的建立》

中说："经过长期发展，夏人分为两支，一支姜姓民族，这是周朝母系的祖先。一是羌族，后来变成了留居于四川、青海、甘肃一带的少数民族。"羌族与氐族（戈基人）融合，其一支发展成蜀山氏。已知使用铜刀，则在蚕丛氏阶段（见任乃强《四川上古史初探》），又经柏灌、鱼凫，至杜宇一系从昭通返回，带回更为成熟的冶炼和铸造技术，在与土著濮彝等族的融合过程中，建立了真正的蜀国。因此，用金杖象征这种新的权力。

出自一号祭器坑的这支金杖，全长1.42米，直径为2.3厘米，用捶打好的金箔，包卷在一根木杆上，净重约500克。木杆早已碳化，只剩完整的金箔。金杖的一端，刻有图案，共分三组。靠近端头的是两个前后对称，头戴五齿高冠，耳垂三角形耳坠，面带微笑的人头像。另两种图案相同，上方是两支两头相对的鸟，下方是两条两背相对的鱼。它们的颈部，都叠压着一根似箭翎的图案。有人认为，这支金杖的图案，有鱼有鸟，当印证是鱼凫王所执掌。然而，有人认

为，鱼鸟象征吉祥，箭翎则表示威武，这正是金杖作为权力象征的应有之义。而现在，尚无任何实物能证明鱼凫氏的族徽是由鱼和鸟组成。金杖上的图案，第一组当然是王者之像，但第二、第三组，从顺序看，是先鸟而后鱼，也难解读成鱼凫。所以，肯定为鱼凫氏所用，理由还欠充分。

《东巴文化艺术》一书，印有五种灵杖头的照片，杖头分节刻有神像、佛像、神兽、花卉及图形符号等。东巴文化在长期的发展过程中，吸收了佛教、道教文化，但就其本源来说，仍是古老的巫文化为其主体。灵杖既然长期存在于纳西族人民的生活中，而纳西人又是氐、羌民的一支。那么，在神权和王权合一的上古时代，金杖是古蜀人所固有的法器，似乎可以算作又一旁证。

附带要说的是，关于上古时代何时开始使用黄金制品，尚无明确记载。《山海经》中已有黄金、赤金的区别，说明夏代已懂得金的属性。《中国大百科全书·考古卷》说，金银器皿出现较晚，汉以

前少见，到唐代才开始较多发现。但事实上，三星堆的金器就不少，除金杖外，还有金面罩、金虎饰、金璋形饰，金"竹叶"，四叉形器等等。特点是全用金箔，说明对金的延伸性已经有很深的了解。所以，研究三星堆的金杖，解开它的制造之谜，有很重要的历史价值。

西施失踪之谜

◉　◉　◉　◉　◉　◉

　　绝世美女西施，被作为"美人计"的礼物献给吴王夫差，她大功告成后却下落不明，事实真相至今无人能说得清。

　　西施是春秋末年越国苎罗山下西村的女子。因为长得如花似玉，貌美绝世，远近闻名，所以人们不喊她的名姓，只把这位西村的施家姑娘，称作"西施"。传说，她是为部族的存亡被越王献给吴王，忍辱负重，是传奇式的巾帼英雄。令人不解的是，吴亡之后，她却下落不明了，这是怎么回事呢？

　　春秋末年，中国还未统一，许多小国各据一方，互相吞并，战火不断。在长江下游一带，有两个国家是生死对头。北边是吴国，吴王叫阖闾。南边是越国，越王叫勾践。西施就是越国人。公元前496年，吴王发兵攻越，越王一反常态，不正面对阵，而是组成了一支队伍作先锋来到吴军阵前，他们拔出刀来并不与吴军厮杀，而是排成三行，一个个从容自刎，挨个倒在敌人眼前。这是什么阵法，真是匪夷所思！就在吴军目瞪口呆之时，后面的越军已经杀过来，喊声震天，令人心惊胆颤。吴军不知所措，顿时大败，阖闾也受了伤，阖闾又气又恨离开了人世。

　　阖闾的儿子夫差继承了王位，念念不忘杀父之仇，天天练兵，一心备战，终于在两年之后和越军大战一场，最终战胜了越军，把越军困在会稽山上，越王勾践放下武器投降了。

　　吴王夫差并没有杀死越王勾践替父报仇，而是让越王勾践和王

21

后及大臣范蠡给自己当奴婢，作人质。勾践又是给吴王养马，又是提马鞭随吴王出行，又是煎药侍候有病的吴王，装得恭恭敬敬的样子，博得了夫差的好感和信任，两年之后就被释放回国了。蒙受如此奇耻大辱的勾践怎能甘心！于是，回国以后，他怕自己贪图眼前的安逸，消磨报仇雪恨的意志，决定"卧薪尝胆"。天天夜晚睡在凸凹不平的薪柴上，每顿饭前务必尝尝吊在屋里的苦胆，提醒自己说："勾践，你忘了会稽之耻了么？"整整十年，日日如此。这期间，他又暗中招兵买马，挖洞积粮，抓紧练兵。自己还亲自下田耕种，并让王后纺麻织布，以带动百姓发展生产。几年功夫，国家转弱为强，实力雄厚了。为了不使吴王起疑心，他还经常派人给吴王进贡，送厚礼。为了麻痹吴王的斗志，他还实施了"美人计"，特地将美女西施献给吴王。果然，吴王一见西施，如同去魂一般，情迷意乱。又是扩建姑苏台，又是新建馆娃宫，整天和西施乘锦帆游湖，到赏月池赏月，在消夏湾避暑，去响屧廊漫步，醉生梦

死，忘了朝政，一天比一天腐化，根本想不到越国会东山再起。

公元前475年，逐渐强盛起来的越国，大举进攻吴国，围城两年。最后，吴王夫差拔剑自裁，结束了持续几十年的吴越战争。姑苏台被一场大火烧了整整三个月。然而，西施却神秘失踪了。

后人在评论这段历史时，有的夸大了西施的作用，认为是她让吴王夫差整天沉迷于玩乐之中，丧失了斗志，亡了国；有的则根本不承认有西施这个人，当然就更否认西施的作用了。唐代诗人罗隐作《西施》，还算说了句公道话：

家国兴亡自有时，吴人何苦怨西施。

西施若解倾吴国，越国亡来又是谁？

对于西施的下落，大致有三种说法。一种说法是，吴越战争之后，西施出了吴宫，回到离别多年的越国。她厌倦了宫中的灯红酒绿的生活，在风景秀美的若耶溪畔，安度晚年。初唐诗人宋之问写过一篇《浣沙篇》，说：

一朝还旧都，靓妆寻若耶。

鸟惊入松萝，鱼沉畏荷花。

估计，这种说法不大可能，因为任何史书都无记载。

第二种说法是，西施被沉水而死。《墨子》记载说："比干之殪，其抗也；孟贲之死，其勇也；西施之沉，其美也；吴起之裂，其事也。"说明西施被沉，实有其事。《吴越春秋》说，"吴亡，西施被杀"。冯梦龙的《东周列国志》和柏杨先生的《皇后之死》根据这段史实附会了如下情节：越王把西施掳回了越国，越王妻子大发醋劲，妒而生恨，背着越王，把西施沉入水中，还说："这种亡国的妖孽，留着何用？"兔死狗烹，当

了"美人计"的工具，事成之后，被人弃之，还是合乎情理的。

第三种说法，是西施随范蠡隐居去了。《越绝书》说：吴亡后，西施复归范蠡，同泛五湖而去。据此，明代的《浣沙记》写道：范蠡早就爱上了西施，西施也钟情于他，二人早已定情。吴亡之后，范蠡看透了越王勾践的心狠手毒，阴险毒辣，想法避杀身之祸，于是偷偷带着西施逃跑了。据说，几年之后在山东一带的富家陶朱公，就是范蠡。这个结局，对西施来说，当然是最浪漫、最理想的了。

事实真相究竟如何？至今已无人能说得清。

秦始皇身世之谜

◉ ◉ ◉ ◉ ◉ ◉ ◉ ◉

秦始皇横扫六国，一统天下，不仅给后人留下了壮美巍峨的长城、气势恢宏的兵马俑，还给人们留下了一个难以破解的身世谜团。

秦始皇是中国历史上一位具有雄才大略的、功业卓著的、统一中国的大皇帝，又被人们作为"贪狠暴虐、穷困万民"的典型暴君，遭到唾骂，这样的人物，在死后必然有褒有贬，而拿他的出生作文章的也大有人在。所以，有关他这方面的传言，就被版本不同地编排出来了。

秦始皇是继秦庄襄王（子楚）之位，以太子身份登上王位的。秦始皇之母赵姬，据说曾为吕不韦的爱姬，后献予子楚，被封为王后。那么，秦始皇到底是子楚的儿子，还是吕不韦的儿子，后人争议

不休。

吕不韦认为嬴政是自己的亲生儿子，让嬴政喊自己"仲父"。他自己则掌管全国政事，被封为文信侯，食河南洛阳十万户，家中奴仆万人，成为一人之下，万人之上，权倾朝野，一手遮天的大人物。

那么，一些史书上把秦始皇说成是吕不韦的儿子，目的何在呢？据分析有三种可能：

其一，如果嬴政确系吕不韦之子，那他就不是真正的嫡传，不是秦皇室的后代。当时反秦的嬴政的弟弟就"造反有理"了，认为自己的血管里流的才是秦皇室的血，就会得到原来秦国的王公贵族的支持了。

其二，如果嬴政确系吕不韦之子，那么齐、楚、燕、韩、赵、

魏六国被秦所统一，就可以变个说法，不是"秦灭六国"，而是"六国灭秦"了。因为"六国"之人吕不韦不动千军万马，只靠一条诡计，就能把自己的儿子弄上秦国的王位，夺了秦的江山。这样，六国的亡国之愤，就可以烟消云散了。

其三，如果嬴政确系吕不韦之子，那么，灭秦的汉代之人，似乎更是大行天道，伸张正义了。因为不但秦的暴政弄得天怒人怨，而且秦王内宫竟这样污秽，甚至会扯到秦始皇的祖父、父亲之死有可能是被人所害。秦亡甚速，真是自食其果了。

后世人也有认为上述传说并不能成立。

其一，认为吕不韦并未策划过秦始皇由出生到登基的一连串阴谋。他们说，秦昭王在位时，就想方设法让子楚（异人）当皇孙，已经够反常的了，何况把希望寄托在尚在赵姬腹中的胎儿"太玄孙"（即嬴政），也太渺茫了。下这么大的赌注，不是神人就是傻瓜！而吕不韦既非神人，也不是傻瓜，唯一能说通的理由，就是断无此事。说实有其事，只不过是后人据已发生过的史实刻意编排而已。

其二，有人认为，秦始皇的妊期，值得研究。如果说赵姬是吕不韦献给秦子楚（异人）的，但她身在宫中子楚身边，过门之后孩子是不及期而生，甚至十二月之后过期而生，子楚怎么能不知晓呢？可见，秦始皇的生父应该是子楚，而非吕不韦。

其三，从赵姬的出身看，也大有文章。《秦始皇本纪》记载，秦灭赵之后，秦王亲临邯郸，把同秦王母家有仇怨的，尽行坑杀。既然赵姬出身豪门，她怎么能先作吕不韦之姬妾，再被献作异人之妻呢？如果赵姬是"邯郸诸姬绝好善舞者"，一名出色的优伶，试问，她哪儿来的那么多仇家？这样，就不会存在赵姬肚子里怀上吕不韦的孩子，再嫁到异人那里的故事了。

到底秦始皇是谁的儿子，这段个人隐私，竟成了千古之谜，至今无人可解！

秦始皇陵之谜

◎　◎　◎　◎　◎　◎　◎

秦始皇统一中国，自称"始皇帝"，在位37年，聚敛了天下数不尽的财富，因此，他的陵墓就成为中国历代帝王陵墓之最。其规模之大，陪葬之多，工艺之精，机关之奇，都是空前绝后的。

秦始皇陵历经2000年，如今，只有一座深埋地下宫殿的巨大土丘屹立于旷野之中。这独一无二的皇陵究竟有怎样的结构和陪葬，仍然是个迷。

秦始皇帝陵，是秦始皇嬴政的坟墓，在临潼县东约5千米的骊山北麓。陵墓规模宏大，背靠骊山，面临渭水，形势异常雄伟。分内外两城，南部是陵园的中心，尚保存高76米，底485米×515米的夯土陵丘。内城方形，周长2525.4米，外城长方形，周长6294米。它的面积，当地群众传为九顷十八亩，大概是取"久久"吉祥之意。1974年，在外城以东1225米处，发现三个兵马俑坑，1980年，在陵冢西约500米处，发现大量胥役墓坑，每坑2～4人，大都屈肢埋葬。

修筑秦始皇陵，在当时是一个非常大的工程，材料要由四川、湖北等地运输，骊山的河渠本由南向北，为防止河水冲击，保障陵墓安全，需大量的劳役改变河流，使其自东向西流，同时骊山多系土山，石料缺乏，大量石料需由渭北诸山采运。当时有歌谣："运石甘泉口，渭水不敢流，千人一唱，万人相钩。"其工程之大可以想象。

据说，秦始皇陵地宫里，用"人鱼膏"为烛。这"人鱼膏"就是鲸鱼的脂膏。据科学家推算，如用鲸脑油制成蜡烛1立方米的鲸油，可以燃烧5000天。它的耗油少、燃点低、不易灭的特性，用作照明肯定可以保持长久。但是，按现代科学来看，在隔绝空气的条件下，让这些"长明灯"永不熄灭肯定是办不到的。

为保护陵寝中的大量宝物，秦陵地宫中还设有重要机关。据《录异记》记载，有个盗墓贼在掘一古冢时，"石门刚启，箭出如雨，射杀数人。投石其中，每投，箭辄出。投十余石，箭不复发，因列炬而入，至开第二重门，有木人数十，张目运剑，又伤数人。复进，南壁有大漆棺，悬以铁索，其下金玉珠玑堆积，众惧，未即掠之，棺两角忽飒飒风起，有沙进扑人面，须臾风甚，沙出如注，遂没至膝，众惊恐走。比出，门已塞关。后人复为沙埋死。"虽然这盗墓贼死里逃生，但吓得再也不敢盗墓了。

秦始皇是中国历史上的传奇人物

据说，秦陵中的机关比上述的更复杂，更精巧，更厉害。据考证，仅其中的弩弓的射程就为831.6米。张力则超过738千克。如果这样的弩弓一个个连接起来，自动丛射或连发，箭矢如雨，谁还敢入！

据史书记载，秦始皇陵曾遭五次大洗劫。其中大规模盗掘和破坏据记载有两次：一次是公元前206年，项羽入关中后，曾以30万人，"盗窃案掘其陵墓，燔烧其宫观，三十日运物不绝"，这是最大的一次破坏。在唐末黄巢起义时，又经过一次大规模的破坏，所以清代文学家袁枚曾说："生则张良之锥荆轲刀，死则黄巢掘之项羽烧，居然一坏尚在临潼郊，隆然黄土浮而高……"在国民党统治时期，从陵底到陵顶，修遍了战沟，有几处挖得特别深，陵顶上还挖了一个很大的坑。但是也有人说，秦始皇陵并未被毁，被毁的只是陵园的附属建筑，而秦始皇陵地宫并未被盗，它仍在现存的秦始皇陵封土下、兵马俑坑身后一千多米处。这种说法的主要依据是：根据陵区周围的含

秦始皇陵也是迷雾重重

水银量分析，发现地宫中心有大量集中的水银存在，并且分布有一定规则，印证了《史记》中关于墓内以水银为"江河大海"的描述。另外通过对秦始皇陵封土堆的全面探测，只发现有个盗洞，而且深不到9米，未能接近地宫，整个封土的土层为秦时的原状。总之地宫的宫墙没有破坏痕迹，地宫中水银分布有规律，可见秦始皇陵未被盗毁。

至于秦始皇陵为何坐西向东，也有各种不同的解释。有人说是除了要显示雄踞天下的威风之外，还可能是因为他生前无法觅到不死的秘方，死后也要闭着双目瞻瞩东溟，以求神仙引渡天国。纵观秦始皇一生，他遣徐福东渡黄海，寻觅

蓬莱、瀛洲诸仙境，并多次亲自出巡，东临碣石，南达会稽，在琅琊、芝罘一带流连忘返。他自己多次东巡，却无法到达日夜思念的仙境，所以只能在朝东的陵墓中，期待有朝一日灵魂升天。另有一种解释说这与秦汉之际的礼俗有关。《礼仪·士冠礼》云"主人东面答拜，乃宿宾"，《史记·项羽本纪》记载鸿门宴时，"项王、项伯东向坐，亚父南向坐，沛公北向坐，张良西向侍。"这些都是主人朝东坐的实例。在那个时代，从皇帝、诸侯上将军，直到普通士大夫家庭，主人都是坐西向东的。秦始皇生前是天下之主，死后的陵墓理所当然也要坐西向东。

秦俑待解之谜

◎ ◎ ◎ ◎ ◎ ◎

　　秦始皇兵马俑备受世人瞩目，是中国人民的悠久文化遗产，给后人留下许多难解之谜：兵马俑是如何制作的？兵马俑为何被焚毁？

　　1974年，在陕西临潼县西杨村，距秦始皇陵东侧1.5千米的一片荒原上，考古工作者发掘出了，被称为"世界第八大奇迹"的秦代大型地下兵马俑军阵，引起了世界性的轰动。它俨然成了世界上最大的军事博物馆，结构严整，气势恢宏，再现了秦始皇鹰瞵虎视，横扫六国的雄风。

　　这些如同真人、真马的陶俑、陶马，依次排列在三个俑坑中，共8000件。陶俑身材高大，约1.8米左右，容貌不一，神态各异，整装待发，浑然一体；陶马昂首肃立，肌肉丰满，装备齐全，栩栩如

生。还有130多辆战车及大量的铜兵器、金、铜、石饰品等。这些陶人、陶马和青铜兵器的精良和完美令人叹服！它是一个人间奇迹，也是一个难解之谜。它是让许多人困

备受世人瞩目的兵马俑

令人震撼的兵马俑

惑了多少代，都没有找到答案的一团谜。试举4例如下：

其一，为何没有统帅俑？

这些陶俑无论是步兵、弩兵、骑兵、车兵，都属武士俑，并不见统帅俑，这是为什么呢？有人认为，可能是按秦制，每次出征前由秦王指令一名将帅任统帅，而修建作为指挥部的3号坑时，将帅还未任命，工匠们不敢随意塑一位作统帅。虎符正掌握在秦陵地宫中的秦始皇手中呢。还有人认为，也可能是因为秦始皇是秦军最高统帅，为

维护皇帝的绝对权威和神圣尊严，不能把秦始皇的形象塑在兵马俑坑之中。这两种说法，都是猜测而已，并无定论。

其二，兵马俑为何被焚毁？

发掘兵马俑时，考古工作者发现，一、二号俑坑的木结构，几乎全部被烧成炭迹或灰烬。陶俑和陶马耳上的彩绘颜色经火烤大都脱落，有的青灰色陶俑被烧成了红色。俑坑经火焚后全部塌陷。陶俑和陶马被砸，有的东倒西歪，有的身首异处，有的头破腹裂，有的臂

断腿折，有的断成数段，有的成为碎片，完整的很少。

俑坑的火是谁放的呢？后人推测有三种可能，一是秦人自己点的火，以烧毁祭墓物品及墓周的某些建筑，使死者灵魂将此带去阴间享用，即所谓"燎祭"。但是，如果真的是出于古代的丧葬制度和民间风俗习惯而焚毁掉，为什么只烧一、二号坑而不烧三号坑呢？假如真的是秦人自己烧的，那么肯定从建成到焚毁的间隔时间不会太久，可是据考古发掘来看，俑坑底下浸地砖上普遍都有十几层的淤泥层，这种淤泥层绝不是四五年能够形成的。

二是秦兵马俑可能是被项羽率领的军队焚毁的。据《汉书》《史记》《水经注》等史籍记载，烧秦宫室，火三月不灭。但上述史书中并没有一个字明确记述，项羽军队焚毁秦兵马俑之事，甚至连秦兵马

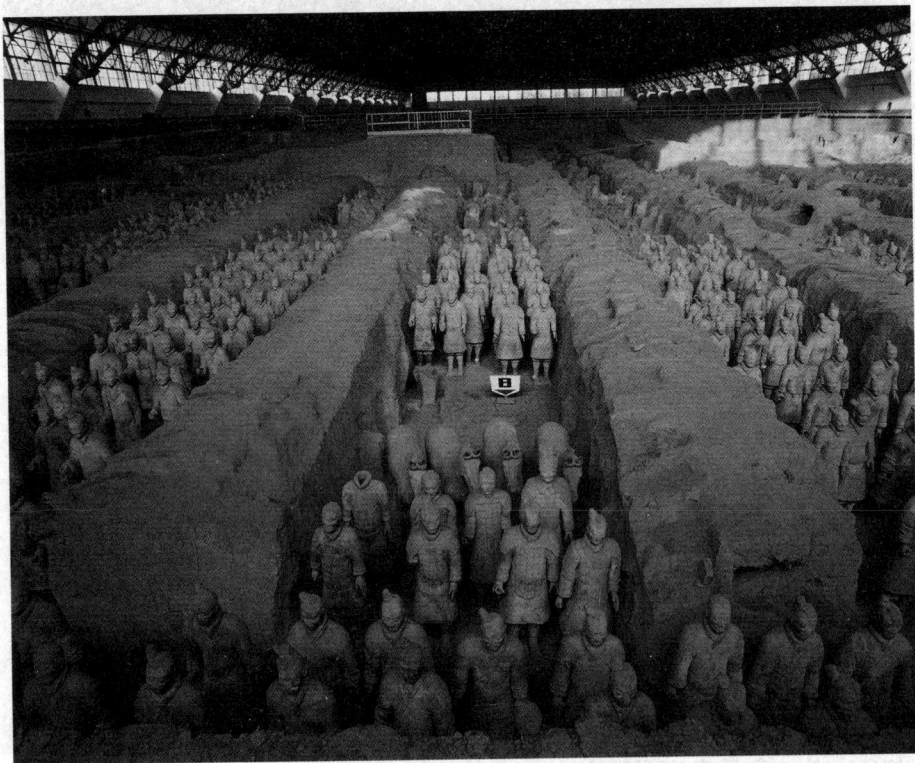

排列整齐的兵马俑，似在整装待发

俑的字样都没提到。因而，把烧兵马俑的罪过加在项羽的头上，只能是后人的猜测罢了。

三是兵马俑坑中的火，是因为坑内的陪葬物等有机物腐败产生沼气，自燃而造成的。但是，同样的俑坑，同样的环境条件为什么只烧了一、二号坑而三号坑却没有起火呢？这也没有科学的根据。

其三，陶俑制作之谜。

兵马俑坑中的陶俑和陶马均是泥制灰陶，火候高、质地硬。经观察，没有发现模制迹象，肯定是一个个地雕塑而成。陶俑、陶马身上原来都绘有鲜艳的颜色，因俑坑被毁，加上长期埋于地下，颜色几乎全部脱落。但从局部留的颜色，仍可窥见颜色的种类繁多，有绿、粉绿、朱红、粉红、紫蓝、中黄、桔黄、纯白、灰白、赭石等。各种色调和谐、艳丽，更增添了整个军阵的威武雄壮。

这些陶人、陶马在暗无天日的地下，掩埋了20多个世纪，出土后，仍然保持了色泽纯、密度大、

硬度高等特点，以手敲击，金声玉韵，真是达到了"炉火纯青"的境界。秦代这种杰出的泥塑工艺和制陶工艺，使后人佩服得五体投地。但它的技术、配方，都失了传，成了谜。

其四，青铜剑铸造之谜。

从二号坑出土的青铜剑，长86厘米。剑身上有8个棱面，极为对称均衡。19把青铜剑，误差都不到10丝。它们历经2000年，从地下出土，都无蚀无锈，光洁如新。用现代科学方法检测分析，这些青铜剑表面竟涂有一层厚约1%毫米的氧化膜，其中含铬2%。这一发现立即震动了世界。因为这种铬盐氧化处理是一种近代才掌握的先进工艺。据说德国在1937年，美国在1950年才先后发明，并申请专利，而且，它只有在一整套比较复杂的设备和工艺流程下才得以实现。秦人的铸造水平之高，真是令人不可思议。

围绕兵马俑的谜团不胜枚举，希望将来，随着科学的进步，考古的深入，将会逐渐找到答案。

秦始皇地宫之谜

◎ ◎ ◎ ◎ ◎ ◎

秦始皇"地宫"到底什么样？装秦始皇尸体的棺椁是否可移动？秦始皇陵为什么没有皇后陵陪伴？

在古都西安东20千米处，有一座山势高耸、青翠秀丽的山峰，这就是骊山。在这里，耸立着一座高大巍峨的覆斗型土丘，这个土丘就是秦始皇陵。

关于秦始皇陵地宫的结构和形制，在浩瀚的史籍中多有记载，从汉代的司马迁到北魏的郦道元，从有据可查的正史到真假难辨的野史，都对秦始皇陵及地下宫殿有多多少少的描述。但这些饶有趣味的材料，内容庞杂而多有抵牾。有的记述更是神秘莫测，令人惊骇。经过考古学家精心地研究，现对秦陵地宫的规模和形制有了一个大概的认识：秦始皇陵冢经过漫长历

史的风风雨雨，其高度已由原来的115米缩减到46米，周长由原来的2087.6米缩小到现在的1390米，足见当时秦始皇陵规模的宏大。

咸阳宫是秦始皇生前治理国家和享乐的地方，陵墓则是他灵魂的最终归宿地，秦始皇希望自己归天之后，也能享受到在咸阳宫时的霸气和快乐，所以地宫的建筑也模仿了咸阳宫。据考古专家推断：秦始皇陵墓室底的平面形状类似一个长方形，底面积19200平方米，相当于48个国际标准的篮球场。地宫有斜坡式墓道，垒石作墓圹，中心部位放棺椁象征咸阳宫，四周置一些回环相连的隧道和别室、耳室，象征咸阳宫周围的离宫别馆。墓顶上绘天文星象图，墓底下凿江河湖海并灌之以

水银。各种金玉珠宝分藏在各室中。这些推断已较多地被考古工作者所证实，如勘探发现的斜坡墓道，封土中心区的强汞异常含量等。

秦始皇陵地宫的规模和形状已经推断而出，那么这位千古一帝的棺椁又是什么样子的呢？关于秦始皇棺椁的样式，一个名叫杨先民的先生，曾在美国出版的《地理杂志》上，用一幅颇为生动的图来描述：一条用水银聚成的河流中飘着一只龙舟，龙舟上承载着装有秦始皇尸体的棺椁。对于这幅形象生动的插图，有研究者认为，在摹拟的宫殿和山岳之间，有水银做成的河流穿绕是有根据的。但秦始皇的棺椁是否可游移，还值得商榷，因为《史记》在记述地宫用水银做百川、江河、大海时，还用了"机相灌输"的词，说明设计者是想通过机械推动水银流动，再用"灌输"的力量反过来推动机械运动。如此往复不已，以期达到水银流动不辍。但事实证明，这只能是设计者的一厢情愿，地宫中的"水银河"无法也不可能长期流动的，它只能在机械的推动下缓缓地流动一段时间，然后进入枯竭状态。"水银河"不能流动，上面承载的棺椁更不可能移动了。而地宫中的"水银河"是否流动？推动"水银河"流动的神奇机械什么样？这些问题本身就是一个没有答案的谜。

至于秦始皇的棺椁到底用什么做的，也是众说纷纭，司马迁和郦道元都记载椁是用铜做成的，而班固的《汉书》却说是"石椁为游馆"。古代人把直接装尸体的东西叫棺，套在棺外的叫椁，使用几重棺几重椁有严格的规定。春秋战国时期，棺椁的制作已华丽奢靡，湖北曾侯乙墓的墓主人，使用的就是两层套棺，"外棺"是用铜做框架，再嵌以木板做成。应该说秦始皇的棺椁，在规模上要比曾侯乙的大，椁的形制相当于曾侯乙墓的"外棺"，只是规模更大、装饰更为华丽。这样大而沉重的棺椁，要在"水银河"中漂浮是不太可能的。

古代陵墓，大都有长明灯的说法，秦始皇陵地宫也不例外，司马迁在《史记》中，就明确记载秦始皇陵有"人鱼膏为烛"，"人鱼膏烛"就是用鲸鱼的油脂做成的烛，秦始皇希望他的地宫如同白昼，这显然是不可能的，因为一旦隔绝空气，燃烧也就成为泡影。所以秦始皇地宫内的"长明灯"早在两千多年以前就熄灭了。

马王堆汉墓女尸千年不朽，曾使人们发生联想：秦始皇的尸体是否依然如故？史书记载，秦陵地宫已穿越了"三泉"，地宫内部肯定有堵塞或排除地下水的设施。有的专家推断，秦陵地宫的地下水是先用冶铜锢其内，再塞以纹石，其次涂漆，最后涂丹，从而堵塞了地下水，防止地下水渗入地宫内。这种推断固然有其道理，但仅凭这样的办法，能否彻底堵绝地宫内的渗水则引起了不少研究者的怀疑。

史书上记载了这样一个传说：秦始皇驾崩后，胡亥怕"沙丘之谋"泄露，众公子争夺自己的皇位，于是假传秦始皇遗旨，命众公子殉葬。之后，又命后宫没有生子的妃嫔也一同殉葬。胡亥命人将无子的妃嫔全部带入秦始皇陵园，以武力强行驱入地宫深处，然后命令工匠把地宫第一层宫门封闭，妃嫔均死于地宫内。当工匠把地宫之门封闭到最后一层时，为怕地宫秘密泄露，胡亥心生毒计，下令所有参加修建陵的工匠、刑徒到地宫领赏。当工匠、刑徒云集到地宫时，胡亥又命令军兵侍卫将最后一道宫门封闭，工匠、刑徒又成为秦始皇的殉葬品。传说只有一位年轻的工匠逃了出来，原来地宫内通向外面的水道，是这位工匠亲自设计而成的，被闭于地宫后，他悄悄地潜入水道爬了出来。这个传说令研究者对秦陵地宫之间有没有排水道的问题，进行不断地探寻和思考。有一位地质学家还大胆地提出了这样一个观点：秦始皇陵以北1500米的秦代鱼池遗址，就是为了掩护地宫排水管道出水口的。如果秦陵地宫有严密的防水设施或排水管道，再加上弥漫在墓内的高浓度汞蒸汽，可使入葬的尸体和随葬的物品长久保持不腐，那么秦始皇的尸体保存完整还是有可能的。

从布局上看，秦始皇陵俨然一个活生生的现实社会，内外城墙、寝殿、官署、珍兽坑、马厩坑等应有尽有。但令人不解的是，陵园内没有发现皇后陵。有人认为，这是由于秦始皇死后皇后仍健在，秦王朝又很快覆灭了，仓促之中皇后也没安葬在陵园内。如果这样的话，在陵园内应该有预留的皇后陵的位置，而从现在秦陵的布局来看，根本没有皇后陵的插足之地。为什么秦始皇死后不需要皇后的陪伴呢？有人推测：这是由于秦始皇未成年时，太后专权，与奸党酿成叛乱。有鉴于此，秦始皇当政以后有意降低皇后的身份，不使皇后出头露面，在修陵园时也是一墓独尊，不留皇后的墓穴。确实，从古代文献记载来看，也不见秦始皇的皇后名字，秦始皇的皇后是谁，在历史上还是一个谜。

白马之盟之谜

◎　◎　◎　◎　◎　◎

刘邦在秦朝被推翻后，为了笼络一切势力击败与他争天下的项羽，先后分封了韩信、英布等七个异姓王。公元前202年，当历时四年的楚汉战争以项羽自刎于乌江、西汉王朝诞生而降下帷幕后，刘邦旋即以武力、阴谋并用，逐个翦灭势力日益增长的异姓王，改而分封了许多同姓王，以拱卫皇室，镇抚天下。

为了汉王朝的长治久安，刘邦曾隆重地与开国功臣们杀白马而盟誓："非刘氏不得王，非有功不得侯，不如约，天下共击之。"这就是历史上著名的"白马之盟"。"白马之盟"成为西汉一朝臣子抗争佞幸的有力理论依据。刘邦死后，陈平、周勃就是以它为号召，一举诛除了欲篡政夺国的诸吕，维

持了刘汉王室。有人曾怀疑刘邦君臣是否约定过这一盟约，但是，诸多史料，包括《汉书·王陵传》中记载，吕后篡政后，王陵责备陈平、周勃的话："始与高帝歃血而盟，诸君不在邪？"陈、周二人未加否认，默认曾参与盟誓，这些都证明"白马之盟"在历史上是确实存在的。那么，"白马之盟"订立于何时呢？是先订立盟约，后翦灭异姓王；还是先翦灭异姓王，后订立盟约的呢？这关系到立盟的具体目的，对此，学术界争论不休，莫衷一是。

一种意见依据《史记·吕太后本纪》中"高祖已定天下，与大臣约曰：'非刘氏王者，天下共击之。'"等史料，认为刘邦是在开国之初与大臣订立此盟约的，目的

是为了消灭异姓王。持异议者认为，上引史料中的"已定天下"并不指刘邦立国之初，因为当时经济凋敝、民不聊生，六国旧贵族残余势力尚存，匈奴不断骚扰北部边境，危机四伏，天下未定。此时，刘邦仍采用楚汉战争中的办法，大封功臣，以求得统治集团的相对稳定，受封的异姓王兵力雄厚，刘邦比之尚"莫及"，而且多是占据"天下劲兵处"（《汉书·韩王信传》），刘邦若在此时提出盟约，无疑是向异姓王公开宣战，势必逼迫他们群起而攻刘，刘邦将难以招架，立足未稳的刘汉王朝很可能易姓。从《史记·外戚列传》中"吕后……佐高帝定天下"之语来分析，吕后在楚汉战争中作为人质，被拘押于楚，不可能"佐"高帝，"佐"、"定"是指吕后助刘邦削平异姓王，如醢彭越、斩韩信等。所以，"白马之盟"不可能订立于

开国之初。

另一种意见以《史记·汉兴以来诸侯王年表序》中"高帝末年，非刘氏而王者，若无功上所不置而侯者，天下共诛之"等史料为依据，认为"白马之盟"是"刘邦消灭了异姓王诸侯势力之后，与大臣、吕后相约而盟"的。刘邦自立国后，先后翦除了韩王信、赵王张敖、梁王彭越，公元前195年11月（刘邦以十月为岁首）讨平淮南王英布，只剩下长沙王吴芮和燕王卢绾，已无力撼及刘汉江山，异姓王势力已基本被消灭。刘邦于5个月后死去，所以，此说显然指盟约立于"高帝末年"，即公元前195年的11月以后。有人进一步认为，讨平英布后4个月，卢绾反叛，盟约是卢绾叛后订立的。

刘邦君臣是否约定过这一盟约？盟约是何时订立的？学术界争论不休，莫衷一是。

韩信死亡之谜

◉ ◉ ◉ ◉ ◉ ◉

　　韩信是秦汉之际的著名军事家，被汉王刘邦拜为大将，为刘邦夺取天下立下了汗马功劳，被誉为汉初"三杰"之一。

　　据说，韩信年轻时，穷困潦倒，曾受过洗衣的"漂母"供饭之恩，也受过地痞的"胯下之辱"，后来在刘邦的军中当过小官，不得志。只有刘邦身边的重臣萧何识才，认为韩信是个不可多得的帅才，说服了刘邦，设坛拜将。此后，韩信果然不负重托，统率大军，定三秦、掳魏王、破代兵、擒赵王，直到大破项羽。刘邦在纵论天下得失时曾说："运筹帷幄之中，决胜千里之外，我不如张良；镇守国家，安抚百姓，供给军需，不绝粮道，我不如萧何；带领百万之军，战无不胜，攻无不克，我不

如韩信。这三个人都是当代的人杰。我能够用他们，这就是我能够取得天下的原因。"

　　可是，韩信在功成名就后，却不能寿终正寝，在汉高祖十一年，被吕后、萧何设计诱杀于长乐宫中。

　　一代英杰落得如此下场，有人说是因谋反遭杀，罪有应得；有人说刘邦不容人，他是含冤而死。各执一词，难分高下。

　　说他罪有应得的，提出如下佐证：

　　其一，他自恃有功，请封假王。

　　高祖四年，平定了齐地后，韩信派人对汉高祖刘邦说："齐人伪诈多变，南临楚地，是一个易于反复国度，不设一王位来镇守，大局难以稳定，希望你委派我当个假

王。"此时刘邦正被项羽围困在荥阳，日夜盼望韩信前来增援，见了韩信使者带来的信，不禁震怒异常，骂道："我困在这里，早晚盼他来辅佐我，他竟然想自立为王！"身旁的张良和陈平见势不妙，悄悄地对刘邦说："现在我们正处境不利，哪能禁止韩信称王？不如趁势做个人情，让他为我们守一方之地。不然，就会发生内乱了。"刘邦一听，顿然醒悟，连忙改口，装腔作势大骂道："大丈夫平定诸侯，要做就做真王，为什么还要当假王？岂有此理！真是岂有此理！"一副愤愤不平的样子。接着，他派张良赴齐，立韩信为齐王。之后，召韩信等率兵与项羽会战于垓下，大破项羽。刘邦封韩信为王，实属不得已，因而，楚汉之争一结束，他就夺了韩信的兵权，并徙封其为楚王。从此埋下了对韩信的戒心。

其二，他招降纳叛，割据一方。

项羽死后，楚将钟离昧投奔了韩信。因他二人是故交，钟离昧得以偷生。刘邦知道此事后，命韩信交出钟离昧，可是韩信重义气，不想出卖朋友，不肯交人。刘邦无法可想。此时，韩信初到楚地，出入都有重兵保护，仪仗威严，这更加引起了刘邦的疑心。恰在此时，有人又告韩信谋反，刘邦就下了决心，一定要除掉韩信。于是，他采用了陈平的计策，令诸侯们都到楚国之西的陈地相会，以便趁机擒拿韩信。这时，韩信已猜出了刘邦的意图，但思忖再三，想到自己本无谋反之心，何必怕见刘邦？于是，杀了钟离昧，带其首级去见刘邦。不料，刘邦还是逮捕了他，并把他押至洛阳。之后，他把韩信降封为淮阴侯，让他寓居于长安，整天无所事事。韩信快快不乐，常常称病不上朝。

其三，他挑动和支持陈豨叛乱。

据说，韩信曾和握有重兵的边将陈豨约定里应外合，准备叛乱。又说，他曾与家臣谋划，当刘邦率军出征陈豨之时，诈作诏书，放了囚徒，再突然袭击宫中的吕后和太子。结果，这个阴谋被他的舍人之弟告发了。后来，吕后设计骗韩信入宫，将他斩杀于长乐宫。

说他是含冤而死，且是千古奇冤的，也讲出一番道理：

其一，韩信从来就没有反叛之意。

当年，楚汉相争的紧要关头，韩信握有重兵之时，项羽常以"三分天下"为约，韩信没有反；被封齐王后，齐人蒯通曾劝韩信割据一方，借给他看相之名，以"贵不可言"相诱，以"时不再来"相激，韩信也没有反，怎么能在天下平定，兵权被夺之后，凭着一伙家丁和囚徒造反呢？

其二，刘邦久有杀韩信之心。

当韩信下魏破代之后，刘邦突然接管了他的精兵；韩信破赵后，刘邦又夺了他的印符，更换了他的将领，接管了他的军队；破了项羽之后，刘邦又解除了他的兵权，并把他从齐王迁为楚王。一系列的事实说明，韩信始终是刘邦的一块心病。不除掉韩信，刘邦就不能安寝。

其三，告韩信谋反，并无确凿证据。

关于勾结陈豨之事，纯属子虚乌有。因陈豨是刘邦宠臣，韩信又与他素无交往，何谈二人密谋？举报韩信的，是韩信的舍人之弟，更不可信。据说，那个舍人曾得罪过韩信，韩信将他囚禁起来欲以诛杀，所以舍人的弟弟才去吕后那里告韩信谋反。试想，韩信谋反这样的重大谋密，能泄露给一个罪徒的亲属吗？

其四，翦灭异己，是刘邦预定的国策。

经查，为汉朝立下汗马功劳而被刘邦册封的七个王，没有一人有好的结局。梁王彭越、越王张敖、楚王韩信都以"谋反"之名枉杀。韩王信、淮南王英布、燕王卢绾，被逼反叛而被消灭。只有势力最小、封国偏远的长沙王吴芮，因谨小慎微而得以残存。看来，杀掉一切能征善战，功高震主之人，以定刘家天下，是刘邦预定的国策。

韩信曾说过：狡兔死，走狗烹；飞鸟尽，良弓藏；

这番话，道出了许多开国功臣的凄苦结局。

昭君出塞之谜

◉ ◉ ◉ ◉ ◉ ◉

在距今2000年前，中国北方有个民族叫"匈奴"，统治着大漠南北，强悍好战，常常侵扰中原。汉元帝竟宁元年（前33），一个叫呼韩邪单于的匈奴首领，在匈奴各部争斗中吃了败仗，愿意投靠汉朝，于是亲自到了都城长安，提出"和亲"请求。

他是要与汉元帝联姻，并保证要世世代代和汉朝友好下去。汉元帝选了五名宫女给他，其中就有王昭君。启程那天，王昭君浓妆艳抹，仪态万方，光彩照人。到了匈奴，她被封为宁胡阏氏，相当于汉人的皇后。一年后她给呼韩邪单于生了个儿子，被封为右曰逐王。后来，她的丈夫死了，按匈奴风俗，她又嫁给她丈夫前妻的儿子复株累若鞮单于，又生了两个女儿。

王昭君非常想念祖国和亲人，多次派使者到汉朝，向汉帝敬献土物特产。年老的时候，她立下遗嘱，要求安葬在归化，坟墓要坐北朝南，以便死后还能遥望自己的父母之邦。昭君墓现在坐落于呼和浩特市南郊，后人称其为"青冢"。

据说，自昭君出塞之后，汉朝与匈奴六十多年没发生过战争。

在"四大美人"图中，王昭君也是只身骑在马上，怀抱琵琶，跋涉在通往塞外的茫茫荒野上，满含幽怨……

王昭君本人的离奇遭遇，果真如人们猜测的那样吗？对她来说，出塞是悲？是喜？是幸？还是不幸？留给后世不少值得猜测的谜团。

其一，她的名字之谜。《匈奴传》中说，"元帝以后宫良家子王嫱字昭君赐单于"。可是按西汉宫廷规矩，宫女自入宫之日起，就不许呼其娘家名字。所以，王昭君的本名无人知晓。

《汉书·元帝纪》提及她时称"王樯"，即她是位船只载运入宫的王姓姑娘。《匈奴传》称其为"王嫱"，好像只是个记音义的符号。后来，都称其为"王嫱"，"嫱"的意思是"古时宫廷里的女官"。出塞前夕，为抬高她的地位，赐封为"昭君"。这样，久而久之，"昭君"、"王嫱"作为标志她政治地位或出身特征的称呼，就成了她的名字。这个说法与传统说法"姓王名嫱字昭君"根本不同，但似乎言之有理。

其二，她的祖籍之谜。一般人认为她原是湖北兴山人，汉族姑娘。但是，据多方考查，她应为四川人，是土家族女儿。她从水路乘船入宫，名"樯"，就否定了"湖北"祖籍。入宫之后，她又不愿巧言令色，献媚邀宠；更不愿贿赂画师作"美人图"以求进幸。当匈奴单于求婚时，她又主动提出愿意去匈奴和番。到塞外后又随胡俗先后作两代单于之妻，生儿育女，这种刚强不屈的性格，对于受封建礼教束缚较深的汉族宫女来说，是很难办到的。另外，她的家乡为"百蛮"杂居之地，女多男少，女子难嫁，所以她和番时，"靓妆"请行，唯恐不被选中。不以为苦，反当美事，说明她与汉族女的婚嫁观念绝不相同。至于她究竟是不是四川土家族人，还有待进一步考证。

其三，出塞原因之谜。据说，当时宫内画师很受青睐，汉元帝召幸宫女，以画师画的宫女像的美丑为标准。而王昭君自恃貌美，不屑于买通画师毛延寿，结果画像很丑，因此失宠。为了摆脱困境，她才主动请求出塞和亲。还有的说，王昭君虽然平民出身，但不同凡俗，胆识过人，是自愿应召，替国分忧。不论世人怎样评说，昭君出塞的历史功绩是应予肯定的。

马王堆汉墓女尸不朽之谜

湖南马王堆古墓中出土的神秘女尸，震动了世界。人们无比惊讶：为什么历经两千年，这具女尸不但外形完整，而且面色鲜活，发色如真。经过解剖，这具女尸内脏器官完整无损，血管结构清楚，骨质组织完好，甚至腹内一些食物仍存。仿佛这具女尸不是千年的遗留，而是刚刚谢世而去。这千年不腐的女尸，带给了人们一个个不解之谜。

那是在1972年，考古工作者在湖南马王堆发掘出三座西汉墓葬。内棺的墓主人是一位约50岁的女性，她全身裹殓着各式衣着和18层丝麻织物制的衾被，浸泡在20厘米深的茶色的液体里。

由于尸体保存得非常好，各地前来的专家、学者得以在解剖学、组织学、微生物学、寄生虫学、病理学、化学、生物化学、生物物理学、临床医学，以及中医中药学等诸多学科，进行深入的协作和研究。通过肉眼及病理组织、电镜观察X射线、寄生虫学研究、毒物分析等，对女尸的死亡年龄、血型、疾病、死因等诸方面作了鉴定结论。结果表明，墓主人生前患有多种疾病并有损伤性症状。可能死于冠心病的猝死。各项研究成果极为丰硕。

古尸千年不腐的研究更是重中之重。

一般来说，古墓中的尸体留至今天，只有两种结果：一是腐烂。因为随葬品中大量的有机物质必然在有空气和水分、细菌的环境里很快腐烂，棺木也会腐朽，最后尸体

也难免烂掉，只剩下骸骨，甚至一堆碎末。二是形成干尸。这是由于极为特殊的气候条件造成的。在特

别干燥，或没有空气的地方，细菌微生物难以生存，尸体迅速脱水，成了皮包骨的"干尸"。

马王堆的女尸为何成为"湿尸"而不腐烂呢？

据考查，有五方面的原因。

其一，尸体的防腐处理好。经化学鉴定，她的棺液沉淀物中含有大量的硫化汞、乙醇和乙酸等物。证明女尸是经过了汞处理和浸泡处理的，其中硫化汞在尸体防腐固定上的作用是很明显的。

其二，墓室深。从墓室的条件看，整个墓室建筑在地下16米以下的地方，上面还有底径50～60米，高20多米的大封土堆，既不透水也不透气，更不透光，这就基本隔绝了地表的物理的和化学的影响。

其三，封闭严。墓室的周壁均用粘性强，可塑性大，密封性好的白膏泥筑成。泥层厚约1米左右。在白膏泥的内面还衬有厚为半米的木炭层，共约1万多斤。墓室筑成后，墓坑再用五花土夯实。这样，整个墓室就与地面的大气完全隔绝了，并能保持18℃左右的相对恒温，不但隔断了光的照射，还防止

马王堆出土的T形帛画

了地下水流入墓室。

其四，隔绝了空气。由于密封好，墓室中已接近了真空，具备了缺氧的条件。厌氧菌开始繁殖。在椁室中存放的丝麻织物、漆器、木俑、乐器、竹简等有机物，特别是陪葬的大量食物、植物种子、中草药材等，产生了可燃的沼气。从而加大了墓室内的压强。沼气能杀菌，高压也能使细菌无法生存。

其五，棺椁中存有神奇的棺液，起到了防腐和保存尸体的作用。据查，椁内的液体约深40厘米，棺内的液体约深20厘米，但它们都不是人造的防腐液。那么，这些棺液是哪里来的呢？经科学分析研究，椁内的液体是由白膏泥木炭、木料中的少量水分和水蒸气凝聚而成的。而内棺中的液体则由女尸身体内的液体化成的"尸解水"等形成的。正因为有这种自然形成的棺液，才防止了尸体腐败，并使得尸体的软组织保持了弹性，肤色如初。

千年的亡魂，在重见天日之时，随同所有出土的文物，散发着迷人的光芒，让人流连于不解的迷宫长廊之中。

王莽之谜

王莽借助外戚势力，由"安汉公"而"假皇帝"再到真皇帝，把刘姓江山变成了王氏"新朝"。后人对他的评价却出现了天壤之别，有人说他是千古第一伪君子，有人则说他是"社会主义皇帝"……

王莽是中国历史上一位颇有争议的人物。对于王莽的评价，以往人们较多地受东汉官方钦定的《汉书》的影响。《汉书》中王莽完全被扭曲了，被描写成一个复古倒退、僭越篡位的乱臣贼子。理由是：王莽的升迁既不是靠军功，也不是靠察举，更不是靠政绩，而是凭着外戚的裙带关系，靠元后的势力打败众多的政敌，才得以进入上层统治集团。即便他在篡位前，特别是摄政时期做了一些好事，也是虚伪做作，是为了收买人心，并不

能掩盖其作为一个篡位的野心家的真正面目。

反对这一说法的人认为，王莽的当政，不全是一种偶然现象，更不能完全从传统的伦理道德角度来看待这件事。在某种程度上，王莽的当政，也是一定的政治历史条件的产物。因为西汉末年，刘氏王朝的最高统治者已经日益腐化，贵族官僚依靠政治特权，贪污成风，并且大量兼并土地，强占奴婢，整个社会民怨沸腾，矛盾激化。而王莽却清醒地看到了这些弊端，他自己不但不贪，还一次次把自己的家产分给下属和贫民，自己过着清苦的生活，他的夫人打扮穿着也像个仆人。他还在长安城内建立赈救灾疫的常满仓、废皇室游玩之地、派使者去灾

区捕蝗、安置流民等。他的儿子杀死一个奴婢，为了表示法不阿贵，他竟勒令自己的儿子自杀。王莽的这些措施，有利于缓和当时日益激化的社会矛盾，也为他本人赢得了个人声誉。当时的一些人把王莽看成是圣人、周公及至救世主，虽有吹捧奉承的意味，但也不排除内有相当部分是真心诚意的。正因为此，有学者感慨：如果政治家都愿意付出如此大的代价来作假，那么这个社会的政治事实上会清明得多。

对于王莽的新政，也存在着是复古倒退，还是改革图新的争论。认为是复古倒退者指出，作为改制第一项内容的废除土地私有、禁止土地自由买卖的"王田"政策，就是典型的复古倒退。实行土地王有，这是根据《周礼》制定出来的，不过是奴隶社会井田制的翻版。如果按照井田制重新分配土地，全国的耕地远远不够分配，何况土地的私有和买卖是当时蓬勃发展的小农经济的基础，符合历史前进的趋势。这种倒退的主张本身就注定了它是没有出路的。王莽不得

不在王田颁布的第三年，再次颁布诏令，宣告"王田"可以买卖，不再依法处理，实际上是承认土地国有化改革的破产。

反对上述观点的人认为，"王田"政策是王莽针对严重存在的社会实际问题，而提出的改革图新措施。西汉王朝的土地私有制，比之奴隶制度下的土地国有形式，虽然是一种进步，但当时允许土地私有而带来的土地兼并现象，已导致了尖锐的社会矛盾和严重的社会危机，王田制正是力图遏制这一弊端的发展，借以缓和社会矛盾的措施，它具有一定的现实意义。同时，王田制虽然是按井田制的方式来分配土地，但同时又承认土地的私有，即承认一夫一妇对分得的百亩之田的占有权，只是不允许自由买卖而已。因此，它实际上是一种土地国有与私有并存的新政策，与先前的井田制有着根本的区别。至于王莽改制活动时所借用的大量附古说教，与当时社会流行的谶纬风气不无关联，他本人也不过是借"托古"，实现自己的理想，并不是真正意义上的复古。

对此，樊树志先生认为：王莽企图按照儒家经典重建一个"大同"世界，一劳永逸地解决长期棘手的土地兼并、贫富不均、商人盘剥农民等社会问题。但他所实行的种种社会措施，却与时代的发展格格不入，以当时的眼光看之，就有倒行逆施之嫌。其结果是改革不但无助于社会问题的解决，反而使它更加激化，加深了社会危机，引来了绿林、赤眉起义。王莽所建立的"新"朝，只存在了短短的十几年，便如同流星般地迅速消逝，决不是偶然的。因此，光武中兴以后，在东汉史臣的笔下，王莽终于成了西汉腐败政治的替罪羊。

也正因为新政本身的诸种复杂性，后人对于王莽的描绘便众说纷纭，莫衷一是：帝位篡夺者、最大的伪善者、理想主义者、改革者等

等。费正清、赖肖尔在《中国：传统与变革》中指出，王莽的土地国有和赦免奴婢的努力，使他得到了"中国第一个社会主义者"这一错置时代的称号；著名学者胡适，早在1928年就认为王莽是"一千九百年前的社会主义皇帝"，他的失败是因为这样的人过早地在中国出现。美国历史学家毕汉斯认为，这是一种"浪漫主义的非历史性的解释"。他指出，王莽不是班固《汉书》中所说的那个无能、狡猾、伪善和妄自尊大的蠢人，从积极方面衡量，王莽是机智而能干的；从消极方法来看，王莽不过是一个过分依赖古文经学的有点迂腐的儒生。

王莽究竟是怎样的一个历史人物，期待有一天能够借助更多的考古发掘史料去证实，希望不久的将来我们可以对他作个公正的评价。

尼雅精绝国之谜

◎ ◎ ◎ ◎ ◎ ◎ ◎

两千多年前，汉朝使臣张骞等出使西域，发现在今天新疆塔克拉玛干沙漠周围有许多王国，其中有个极具代表性的小王国叫精绝国，在今天称为尼雅的地方。令人不解的是，作为丝绸之路的要站之一，精绝国在三国、晋以后，竟然逐渐沦为荒无人烟的沙海，从历史的记载中消失得无影无踪。

多少年来，学者们都在苦苦思索精绝国覆灭的原因，试图解开这个千古之谜。

20世纪初，英国人斯坦因在新疆塔克拉玛干大沙漠的南缘尼雅河畔，发现了一座古城遗址，并从这里挖掘出封存了千年的各种珍贵文物12箱之多。当这些文物被带回英国时，西方学者大为震惊，这就是一度被称其为东方"庞贝城"的尼雅遗址。

东汉时期，名将班超为抗击匈奴，稳定西域，曾带随从驻扎西域数十年。他利用杰出的政治、军事、外交才能，联合当时的西域36国抗击匈奴的侵略，威镇西域数十年，留下了"投笔从戎"的千古佳话。有人提出，斯坦因所发现的尼雅遗址，就是中国史籍中记载的西域36国之一的精绝国。

据《汉书·西域传》记载，精绝国位于昆仑山下，塔克拉玛干大沙漠南缘，接受汉王朝西域都护府统辖，国王属下有将军、都尉、驿长等。精绝国虽是小国，但它位于丝绸之路上的咽喉要地，地理位置十分重要。史书所描述精绝国所处的环境是："泽地湿热，难以履涉，芦苇茂密，无复途径"。从寥寥数语中显然可以看出，当时的精绝国是一片绿洲。公元3世纪以后，精绝国突然消失了，斯坦因的发现又使精绝国惊现于世。

然而，精绝国是如何从历史上消失的？它为何被埋没于滚滚黄沙之中？为什么璀璨的绿洲变成了死亡的废墟？为此，历史学家们既困惑不解又争论不休。许多人认为，尼雅之所以被废弃埋没于沙海之中，是因为尼雅人大肆砍伐树木，破坏生态环境，至使水源枯竭，风沙肆虐，绿洲消失，最终被淹没于茫茫沙海之下。也有许多人对此持疑问和否定的观点。

作为沙漠中的绿洲王国，支流纵横的尼雅河水顺地势流泻至该地，使得尼雅绿洲得到很好的灌溉。当时的精绝王国统治者及普通人民都深知河水、树木与自己的生存命运息息相关。根据出土的考古文字材料可知，当年精绝国对水的管理、使用和树木的保护都有一套有效的办法。水有专人管理，有一定的制度。管理不善，导致损失，要受惩罚。一些耕地无水、干旱的

废墟之下，无人知道到底掩藏了多少历史

情况，要及时调查、处理。对于挡风防沙的树木，精绝国规定，如果有人将树连根砍断，罚马一匹，如果砍断树枝，罚母牛一头。处罚是相当严厉的。可以说精绝国对水和树木的重视和管理，既保证了农业灌溉和人民日常生活用水，也有效地维护了作为沙漠侵袭中的绿洲的生态环境。这方面或许能给今天仍在肆意践踏环境的人们以警示！

然而，就是这样一个生态环境维护得相当好的绿洲王国，怎么会沦为沙漠中的废墟呢？是尼雅河突然断水，导致精绝国的覆灭；还是由于社会动乱的打击，导致社会稳定被破坏，人们有组织的与大自然相抗衡的力量极大削弱，王国赖以存在的生态环境随即遭到严重影响呢？从尼雅废墟的一些遗址内，我们可以看到一些简牍文书还未及开封，堆放整齐，覆盖完好，似乎主人离开得十分匆忙。他们把文书档案放好、盖好，是希望稍后还可以回来进行处理。他们的弃家远走，主观上不过是一个权宜之计，他们

认为自己还是会回来的。如果是因为水流改变，气候改变，导致绿洲放弃，应该是一个缓慢的、有组织的撤离过程，不会连公文简牍都来不及处理。多方面的材料显示，精绝国是在战争、动乱等破坏性社会力量的直接作用下，受到致命打击，居民迁徙，精绝国逐渐为沙漠掩埋。

为了揭开这千古之谜，1995年10月，中日两国考古学家，深入塔克拉玛干沙漠，开始了对尼雅遗址的大规模科学考察。此次挖掘是近一个世纪以来收获最为丰硕的一次，被评为"95全国十大考古发现"之一。出土文物之丰富，保存之完好，震惊了中国乃至世界考古界。这次考古价值最高的发现是大量保存完好特色鲜明的织锦和写有佉卢文的木简函牍。其中织绵"五星出东方利中国"质地厚实，纹样瑰丽流畅，色彩艳丽，世所罕见。大量的佉卢文档案也让考古学家们欣喜若狂。

刘备三顾茅庐之谜

◉ ◉ ◉ ◉ ◉ ◉ ◉ ◉ ◉

刘备"三顾茅庐"聘请诸葛亮出山的故事，家喻户晓，妇孺皆知。这个礼贤下士、有声有色的千古美谈，是真有其事还是后人附会杜撰的呢？学术界的看法，莫衷一是。

著名古典小说《三国演义》，把刘备"三顾茅庐"聘请诸葛亮出山辅助他建功立业的礼贤下士态度，写得有声有色，把刘备对诸葛亮的尊敬，关羽、张飞的居功不服，描绘得惟妙惟肖，趣味横生。这段三顾茅庐的故事是罗贯中根据陈寿《三国志·诸葛亮传》和裴松之注的记载，而进一步创作的小说故事。刘备与诸葛亮第一次相见，是否是"三顾茅庐"，学术界的看法是不相同的。

《三国志·诸葛亮传》对刘备与诸葛亮第一次相见的记载是：刘备屯兵新野时，徐庶见刘备，很受器重。徐庶对刘备说："诸葛孔明者，卧龙也，将军愿与他相见吗？"刘备说："您和他一起来吧。"徐庶说："可以登门去见此人，不能叫他屈驾来此。"于是，刘备亲自到诸葛亮那里去请教。几次前往，乃相见。但没有写关羽、张飞同往，也没有写相见于茅庐之中。

裴松之引《襄阳记》说：刘备向司马德操请教时事。司马德操说："我乃儒生俗士，岂识时务？识时务者在乎俊杰。此间自有卧龙凤雏。"刘备问为谁，司马德操说："诸葛孔明、庞士元也。"这就是说，是司马德操首先向刘备推荐诸葛亮的。

罗贯中写《三国演义》时，把这两种史料都吸收了进去。写司马德操推荐于前，但只说："卧龙、凤雏，两人得一，可安天下。"而没有说出卧龙、凤雏是谁。徐庶推荐于后，才说出了诸葛亮的名字。

刘备见诸葛亮的隆中，即现在的湖北襄阳市西十余里的地方。这里有"古隆中"牌坊、三顾堂等传说遗迹。三顾堂前，还有刘、关、张三顾茅庐时拴马的古树。1956年，董必武同志还题写了楹联："三顾频繁天下计，一番晤对古今情。"河南省南阳市也有诸葛亮的躬耕遗迹。东汉时，今湖北襄阳市隆中属今河南省南阳市之南阳郡管辖，所以两地都有诸葛亮的遗迹。

诸葛亮自己写的《出师表》中也说："先帝不以臣卑鄙，猥自枉屈，三顾臣于草庐之中。……"这是最有力的证据。陈寿在《三国志》中写到的《隆中对》，更详细地记录了刘备三次往访以及诸葛亮侃侃而谈的内容。刘备三顾茅庐一直被当作求贤若渴、尊重人才的典范。刘备当时正处于困难时期，急需人才，三顾茅庐从情理上看，完全是可能的。历代没有人对此事的真实性提出异议。后来的作家、诗人都把这个千古美谈引入自己的作品中。唐代大诗人李白写道："当其南阳时，陇亩躬自耕。鱼水三顾合，风云四海生。"杜甫的诗也写道："三顾频繁天下计，两朝开济老臣心。出师未捷身先死，长使英雄泪满襟。"元代至治新刊《全相三国志平话》扉页，即刊刻了刘备三顾茅庐的画面，刘备在草门外与书童谈话，关公、张飞在一旁站立，诸葛亮在茅屋内席地而坐。明人还写有传奇《草庐记》，专门写这段故事。京剧、徽剧、青阳腔、川剧、汉剧、滇剧、秦腔、豫剧、河北梆子、同州梆子等，都有这段故事的剧目，有的叫《三请诸葛》，有的叫《三请贤》或《三顾茅庐》，演出很受群众欢迎。

近来有人指出：三顾茅庐的记载并不可信。诸葛亮是胸有宏图之士，刘备请他出山，当然正合他的心意，他岂能大摆架子，使找上门来的机会可能失去。当时的诸葛亮不过是个27岁的青年，刘备则是个有声望的政治家，对诸葛亮怎能那样低三下四？当时，刘备正面临着曹操几十万南征大军的威胁，《隆中对》对燃眉之急的现实问题不提，是不合情理的。同时，刘备初见诸葛亮，不会安排现场记录。所谓《隆中对》，很可能是后人为了附会《出师表》中的三顾茅庐之说而加以杜撰的。

三国人鱼豢写的《魏略》中，所写刘备初见诸葛亮的情况，也不是"三顾茅庐"。《魏略》说：刘备屯兵于樊城。这时，曹操方统一黄河以北，诸葛亮预见到曹操就要攻击荆州。荆州刘表性情懦弱，不晓军事，难以抵抗。诸葛亮乃北行见刘备。备与亮初次相见，又以其年小，以诸生对待之。诸葛亮通过谈论对当时政局的对策，才逐步改变了刘备对他的冷淡态度。最后，才"以上客礼之"。西晋司马彪《九州春秋》也作过相同的记载。

从诸葛亮终生积极进取的性格看，《魏略》《九州春秋》所记

载的诸葛亮登门见刘备是可信的。《魏略》是当时人写当代的历史，真实性没有什么可怀疑的。

清代洪颐煊认为"三顾茅庐"与"樊城自请相见"都是真实的。他在《诸史考异》中说：诸葛亮初见刘备于樊城，刘备足以上客待之，但没有特别器重他。等到徐庶举荐时，刘备再次相见，情好日密。并指出：初见是在建安十二年，再次相见是在建安十三年。诸葛亮以后甚为感激，因而记入了《出师表》中。清代严可均《全三国文》载诸葛亮的著作《算计》，即是从《魏略》中选取的一段诸葛亮的话。

已故陆侃如教授认为，樊城与新野两次相见也是可能的，因而《三国志·诸葛亮传》与《魏略》记事互不相同。不过两次相见都是在建安十二年。而当时历史事实如何，仍有待考证。

赤壁古战场之谜

◉ ◉ ◉ ◉ ◉ ◉ ◉

公元208年，发生了历史上有名的"赤壁之战"。这次大战东吴大获全胜，刘备趁机取了荆州，曹操受到了重大损失，元气一时无法恢复。为以后魏、蜀、吴三国鼎立奠定了基础。

然而，这以少胜多、以弱胜强的充满传奇色彩的赤壁之战，到底发生在哪里？却成了一个争议了一千多年的悬案。

大江东去，浪淘尽，千古风流人物。故垒西边，人道是，三国周郎赤壁。乱石穿空，惊涛拍岸，卷起千堆雪。江山如画，一时多少豪杰。

遥想公瑾当年，小乔初嫁了，雄姿英发，羽扇纶巾，谈笑间樯橹灰飞烟灭！故国神游，多情应笑我，早生华发。人生如梦，一樽还酹江月。

这首《赤壁怀古》是宋朝大诗人苏东坡贬官到黄州赤鼻山游玩时写的千古绝唱。由此，人们把赤鼻山称做"东坡赤壁"。那么，这里是不是赤壁之战的古战场呢？

从地理位置上看，赤鼻山既不在樊口上游，又不在大江之南。它在武汉（夏口）以东，不可能是当年的战场，因为当时刘备驻军夏口，如果曹军越过了夏口，就意味着刘军已破，自然就不会有孙、刘联军破曹之事了。

苏东坡博学多才，他不会不知道这点地理常识的，他不过是在借历史遗迹抒发心中块垒而已。他词中的"故垒西边，人道是三国周郎赤壁"的"人道是"，不已经点明了这里只是人们传说的地点么？

但是，赤壁之战的遗址究竟在

哪里呢？还真是没有头绪。

一说在嘉鱼县东北。《大清一统志》上说，赤壁山在嘉鱼县东北江滨。且引据《水经注》说 "赤壁山在百人山南，应在嘉鱼县东北与江夏接界处，上去乌林200里。"

一说在蒲圻县西北。《元和郡县图志》称，赤壁山在蒲圻县西120里，北临大江，其北岸小乌林，即周瑜用黄盖策、焚曹公舟船败走处，这一说法的佐证是：

蒲圻赤壁近来出土了几百件兵器，刀、矛、剑、戟都有，特别是箭镞最多。当年赤壁之战，用的最多的就是箭，这足以证明这里的确是古战场。并且值得一提的是，这里出土的箭镞绝大多数为铁质四棱形和铁质方锥形，这正是东汉末年特有的式样。

《元和郡县图志》的作者李吉甫生活的年代，距赤壁之战发生的年代仅五百余年，相距较近。

蒲圻赤壁既在长江南岸，又与乌林隔江相望，与史籍所载之地形及战争情况较为吻合。

还有一说，赤壁应在武昌西南的赤矶山，相距乌林约160余里。并非隔江相对。主要依据是《荆州记》一书曾提到周瑜、黄盖大军自赤壁溯江而上，破曹操于乌林。可见，乌林在西边上游，而赤壁在东边下游。郦道元在他的《水经注》中，也考定了乌林在上，赤壁在下。所以，有人还说，"赤壁之战"实际上是"乌林之战"。

最有趣的是，许多人认为赤壁之战发生在汉水，而不是长江。他们认为，当年曹军南下，首先破襄阳，夺刘表水军。襄阳在汉水边，离长江很远，这只舰队只能沿汉水入长江。为什么到达江汉交汇之地，不顺流东进直取武昌（今鄂州）反而退回西边去呢？如今汉水沿岸有四处"赤壁"：

钟祥市西北60千米的汉水东岸的赤壁崖；汉川县西边40千米的赤壁草市；汉阳县西30千米的临漳山也称赤壁；天门东汉江边的赤壁。

赤壁之战的古战场肯定只有一处，那么，为什么出现这么多的赤壁呢？这不也很发人深思么？

美人貂蝉之谜

◉　◉　◉　◉　◉　◉

貂蝉是历史上的四大美女之一，她倾倒了三国各路英豪，半推半就之间让董卓、吕布父子反目成仇，在"连环美人计"中"不用干戈不用兵，凯歌却奏凤仪亭"，一举铲除了乱世奸雄董卓……可是，遗憾得是，这个传说中的大美人，史籍上却没有她的名字，貂蝉真有其人吗？

《三国演义》是中国古代四大名著之一，书中不但刻画了一些名垂千古的帝王将相，也描绘了一些巾帼英雄，貂蝉就是其中的佼佼者。

司徒妙算托红裙，不用干戈不用兵。

三战虎牢徒费力，凯歌却奏凤仪亭。

东汉末年，群雄割据，奸臣当道。汉少帝懦弱无能，被董卓废掉，立陈留王为汉献帝。董卓自任大师，独揽大权，飞扬跋扈。在朝廷上，他视9岁的汉献帝为傀儡，常常带剑上殿，不可一世。据说，他常带兵士到集镇上，围住百姓，全部杀光，然后把上千颗头颅悬挂车上回到京城，炫耀说，杀贼大胜而归。由洛阳迁都长安时，他带人连烧带抢，使数百里内无鸡犬人烟。他掳掠金银财宝几千车。直搅得天怒人怨，朝廷上下对他恨之入骨，却又无可奈何。

司徒王允欲铲除董卓，想了许多办法都失败了。又派曹操行刺，也不成功。因此，王允整天闷闷不乐。有一天，王允正在无计可施、一筹莫展之时，见歌伎貂蝉也在长吁短叹，就追问她。貂蝉答道：

"我见大人双眉紧锁，坐立不安，必为国家大事烦心。我自恨是个女子，无法给大人分忧，所以不由自主唏嘘起来，乞大人恕罪！"

王允见貂蝉如此深明大义，又姿色出众，忽然想出一条妙计，连忙向貂蝉纳头一拜。貂蝉不知何故，王允就和盘托出自己的"连环美人计"：董卓和他的义子吕布二人，狼狈为奸，形影不离。董卓权势熏天，在朝中说一不二；吕布骁勇异常，无人能敌。除掉二人很难得手。恰好二人皆为好色之徒，如利用貂蝉从中挑拨，设法使他父子之间产生矛盾，利用吕布杀掉董卓，就能重整河山，再立社稷。言词恳切，声泪俱下。

貂蝉当即表态，甘愿献身，万死不辞，并保证会见机行事。

王允说，此事若泄漏出去，我就得全家被杀。

貂蝉发誓说，大人勿忧，如果不报大义，我必死于万刃之下。

于是，一个绝密的、极为巧妙的计划开始实施了。

第二天，王允便将家藏的几颗贵重的明珠派人送给吕布。为答

谢王允，吕布登门拜访。王允请吕布上坐，酒席半酣之际，将貂蝉引出。貂蝉天生丽质，貌如天仙，一下子把吕布惊呆了，直咽口水。王允一看吕布入了圈套，立即假意奉承吕布，并表示要把"义女"貂蝉许给吕布。吕布大喜过望，对王允感激不尽，只等过些日子把貂蝉娶回府去。

过了几天，王允在朝堂上见到董卓，趁吕布不在他的身边，悄悄地说要请董卓赴宴。董卓不知是计，欣然前往。到了王允府上，又是酒筵，又是歌舞，把董卓弄得眼花缭乱。不觉天色已晚。王允见董卓微醉，时机已到，就命貂蝉近前把盏、唱曲。董卓看见美人，早已心猿意马，魂不守舍。王允讨好地说，丞相见爱的话，今晚就送到相府去如何？董卓当然求之不得，赶忙把貂蝉带回去了。

吕布听说貂蝉被董卓带走，勃然大怒，登门质问王允。王允谎说，是董卓听说你要娶貂蝉，他替你操办婚事才先接走的。可是，吕布悻悻回府后，却听不到一点好消息，听到的却是董卓和貂蝉正同床

共枕！吕布偷偷潜入董卓卧房后窥探，想见心上人一面。貂蝉见了吕布，故作忧愁之态，频频拭泪，一副被人霸占却无可奈何的样子，于是吕布对董卓充满了仇恨。

董卓为色所迷，整天和貂蝉厮混，不理政事。一次偶然得了点小病，躺在床上，由貂蝉殷勤服侍。吕布前来问安，只见貂蝉站在床后，以手势表示对吕布的心意，并挥泪不止。吕布好不容易见了貂蝉一面，却眼睁睁不能近前，不敢言语，真是心如刀割。不料，吕布的举止被董卓发现，当即怒叱他调戏爱姬。董卓与吕布为了貂蝉，矛盾越来越深了。

后来，在凤仪亭，吕布与貂蝉终于有了见面一谈的机会。貂蝉假意说，自己钟情于吕布但被董卓奸污，受了奇耻大辱，之所以忍辱偷生，就是要见吕布一面，"愿死于君前，以明妾志"，说罢，就要往荷花池里跳，吕布不知是诈，一把抱住貂蝉，好言安慰她，并流着泪表示非貂蝉不娶。此时，董卓在大殿上，身边不见了吕布，立时生了疑心；赶忙回府，堂上又不见貂

蝉，更怒火万丈。他一直找到凤仪亭，见吕布与貂蝉正抱在一起，顿时生起了杀心，抓起吕布身旁的戟向吕布就刺，吕布急忙躲过，董卓又掷戟过去，没投中，吕布逃出相府。

董卓到后堂质问貂蝉，为何与吕布私通？貂蝉哭着说：我在后园看花，吕布突然来了，我吓得跑到凤仪亭，吕布提戟来追，我被逼无奈正要投河自尽，却被他抱住，亏得您来救了我。董卓故意说，"我把你给吕布怎么样？"貂蝉大惊，随即放声大哭：我已经是你的人，让我下嫁家奴，我宁死不从。说罢拿起壁上挂的宝剑要自刎。董卓夺下剑来，抱着貂蝉说，我是跟你开玩笑呢！

自此，董卓与吕布由一对亲密的父子，变成了仇深似海的冤家。

后来，王允用计收买了吕布。吕布在早朝时于北掖门外，一戟刺中董卓咽喉，董卓头被割下，暴尸于市。貂蝉以她非凡的胆识铲除了乱世奸雄。

但是，史籍上却没有貂蝉的姓名，她的身世始终是个谜。所以，

很多人都认为，貂蝉只是个虚构的人物，一个艺术形象，并不是一个真实的存在。

但是，也有人据《三国演义》《汉书通志》《三国志·吕布传》等证实貂蝉是婢女出身，当过歌伎，先侍奉董卓、后嫁给吕布，最后被关羽杀掉了。

一个普通女子，牵动着这么多的历史事件，周旋于这么多的三国豪强之间，为他们所爱、所恨、所赞、所叹，岂不是一个奇迹?

神秘的八阵图之谜

功盖三分国，名成八阵图。

江流石不转，遗恨失吞吴。

这首唐代诗人杜甫写的《八阵图》诗，把"三分天下"与"八阵图"相提并论，可见"八阵图"是多么重要！

据说，"八阵图"是诸葛亮发明的古代军队行军、宿营、布阵、作战的方法，玄妙莫测，威力无穷……

诸葛亮巧布八阵图，在《三国演义》里有一段极为精彩的描述。

公元221年，刘备为了给关羽报仇，亲自领精兵70余万，发动讨吴战争。东起夷陵，西至建平，连营700里。因失策，被东吴大都督陆逊一把火烧得精光，全军覆没。刘备仅带百余人逃回白帝城。正在陆逊带兵追击时，碰到了诸葛亮设

的"八阵图"。书中写道：

却说陆逊大获全功，引得胜之兵，往西追袭。前离夔关不远，陆逊在马上看见前面临山傍江，一阵杀气，冲天而起，遂勒马顾众将曰："前面必有埋伏，三军不可轻进。"即倒退十余里，于地势空阔处，排成阵势，以御敌军；即差哨马前去探视，回报并无军屯在此。陆逊不信，下马登高望之，杀气复起。陆逊再令人仔细探视，哨马回报，前面并无一人一骑。陆逊见日将西沉，杀气越加，心中犹豫，令心腹人再往探看。回报江边止有乱石八九十堆，并无人马。陆逊大疑，令寻土人问之。须臾，有数人到。逊问曰："何人将乱石作堆？如何乱石堆中有杀气四起？"土人曰："此处地名鱼腹浦，诸葛亮入

川之时，驱兵到此，取石排成阵势于沙滩之上。自此常常有气如云，从内而起。"

陆逊听罢，上马引数十骑杀向石阵，立马于山坡之上，但见四面八方，皆有门有户。陆逊笑曰："此乃惑人之术耳，有何益焉！"遂引数骑下山坡来，直入石阵观看。部将曰："日暮矣，请都督早回。"陆逊方欲出阵，忽然狂风大作，一霎时，飞沙走石，遮天盖地。但见怪石嵯峨，槎丫似剑；横沙立土，重叠如山；江声浪涌，有如剑鼓之声。陆逊大惊曰："吾中诸葛亮之计也！"急欲回时，无路可出。正惊疑间，忽见一老人，立于马前，笑曰："将军欲出此阵乎？"陆逊曰："愿长者引出。"老人策杖徐徐而行，径出石阵，并无所碍。送至山坡之上。陆逊问曰："长者何人？"老人答曰："老夫乃诸葛孔明之岳父黄承彦也。昔小婿入川之时，于此布下石阵，名'八阵图'。反复八门，接遁甲休、生、伤、杜、景、死、惊、开。每日每时，变化无端，可比十万精兵。临去之时，曾吩咐老

夫道：后有吴大将迷于阵中，莫要引他出来。老夫适于山岩之上，见将军从死门而入，故特自生门别出也。"陆逊曰："公曾学此阵法否？"黄承彦曰："变化无穷，不能学也。"陆逊慌忙下马拜谢而回。

陆逊回寨，叹曰："孔明真卧龙也！吾不能及！"

于是下令班师……

那么，"八阵图"的遗址在哪？

据史料记载，"八阵图"的遗址竟有六处：

《晋纪》中记载，八阵图在陕西勉县定军山，可是并无迹可寻。

《益州记》载，在四川的双流县中和场。

《宜宾县志》载，遗址在四川宜宾市流杯池公园内。

还有的说在四川新都县"八阵乡"，在四川奉节金马河畔，以及奉节的梅溪河口。其中，在梅溪河口的，叫"水八阵"，声名远播，是三峡的重要旅游景点。

据说北魏的郦道元《水经注·江水一》中说，"石碛平旷望

兼川陆，有亮所造八阵图，东跨古垒，皆垒细石为之，自垒南去，聚石成八行，行相距二丈。"唐代诗人刘禹锡的《八阵图录》和宋代文学家苏轼《东坡志林》都描述过夔川的水八阵。但据考古学家与史学家考证，这里非实战遗址，而是演习八阵阵法的地方。真正的八阵图落脚何处，并无人知晓。

"八阵图"既然如此玄妙，到底是不是诸葛亮发明的呢？

有人认为是由黄帝发明的"五井之法"延伸而来，原来是按井字字形布局的"五阵法"，后来战国的军事家孙膑把它改造成"八阵法"。

还有人认为，八阵图是风后所作。《风后八阵图记》说，黄帝战蚩尤时，打得很艰苦，于是请风后助战。风后造的八阵图非常厉害，它能像猛虎一样张翼而进，又能像蛇一样向敌而蟠，像龙一样腾飞，像鸟一样翱翔。不明其奥妙的，"必是隔坚阵深垒，若星驰天旋，雷动山破"而大败。

据说，西汉时，窦宪征匈奴时，用过八阵，在燕然山勒石无功而返。项羽用过它，黥布也用过它，而诸葛亮死后，八阵图就失传了。直到唐代，安禄山叛乱前夕，有个隐士欲献八阵图给唐玄宗，但玄宗皇帝却拒绝了献图者。从那以后，这图就再也没露面。

神秘的"八阵图"，最终成了难解之谜！

木牛流马之谜

◉ ◉ ◉ ◉ ◉ ◉

诸葛亮一心想与曹魏争夺中原，曾率军五出祁山，北伐曹魏。他在北伐中所发明的"木牛流马"，千百年来，一直为人们津津乐道，并给后人留下了千古之谜。

关于诸葛亮的木牛流马，在史书中多有记载。《三国志·诸葛亮传》载："建兴九年春二月，亮复出军围祈山，如以木牛运。""十二年春，亮由斜谷出，始以流马运。"《三国演义》第一百零二回记载，诸葛亮率军复出北伐，与司马懿对峙于祁山。由于大军远离蜀地，为解决军中的粮草军需供应问题，派人于祁山前的葫芦谷内大造"木牛流马"。诸葛亮还提供了详细的说明书："木牛者，方腹曲头，一脚四足，头入领中，舌著于腹。载多而行少，宜可

大用，大可小使；特行者数十里、群行者二十里也。……每牛载十人所食一月之粮，人不大劳，牛不饮食。流马者，尺寸之数，肋长三尺五寸，广三寸，厚二寸二分，左右同。"此外，关于木牛流马各部分零件的具体尺寸，也都有详细的记载。

尤引人注目的是，《三国演义》中对木牛流马的记载，几乎到了神乎其神的地步。木牛流马造出之后，"宛然如活者一般，上山下岭，各尽其便"。诸葛亮派右将军高翔，引一千兵驾着木牛流马，从川内直抵祁山大寨，往来搬运粮草，解决了出川作战的十万大军的粮草供应问题。

当司马懿得知蜀军造出木牛流马之事后，便派人偷袭蜀军的运粮

队伍，抢得了几匹木牛流马，回到军营中加以仿造，不到半个月，也造出二千余匹，与蜀军所造几无二致，奔走进退如活的一般，便用它去陕西搬运粮草，"往来不绝"，哪知这恰恰中了诸葛亮的计。原来，这木牛流马表面看来都差不多，但在口舌之内却有相当重要的机关。诸葛亮看到魏军开始用仿造的木牛流马搬运粮草，便派大将王平带领一千军兵，假扮魏人，袭击魏军的运粮队伍，驱散魏军押送粮草的兵士，将木牛流马赶向蜀营。当魏军追来时，王平命蜀兵扭转木牛流马内的舌头，皆弃于道上，然后且战且走。魏军重新夺回了木牛流马，但它们万万没有想到，此时的木牛流马再也不听使唤了，任凭军士们怎么驱赶，牛马纹丝不动。正当魏军无可奈何之际，四周杀声四起，魏延、姜维带两路蜀军杀来，与此同时，王平又杀了个回马枪。三路夹攻，魏军大败。得胜后的蜀军将木牛流马的舌头重新扭转，它们又能行走自如。这样，魏军不仅丢了大批粮草，还帮助蜀军造了二千多匹木牛流马。

正因为木牛流马有诸多如此传奇的地方，也就越传越广，越传越神奇。从史书中所载的关于木牛流马的详细尺寸等资料来看，木牛流马应该确有其物。但问题在于，尽管史书对其有详尽的尺寸描绘，但却没有任何实物或图形流传下来，后人难以复制，也就无法窥测其中的奥妙与机窍。

目前大多数教科书都笼统地说，木牛流马是诸葛亮发明的一种运输工具。到底是一种什么样的运输工具呢？有学者认为，诸葛亮的木牛流马，实际上就是现在在四川地区仍大量存在的四轮车与独轮车。所谓的木牛，就是四轮车；所谓的流马，就是独轮车，它在四川又叫鸡公车。这两种运输工具的尺寸，虽然与史书记载中的木牛流马不尽相符，但从其工作原理上来看，有它成立的理由：木牛的载重量比较大，行进缓慢，比较适宜在平缓的道路上运行；流马则是专门用于山区运输的工具。诸葛亮北伐曹魏，所需粮草需从遥远的川西平原运到秦陇地区，沿途既有平原，也有山地。尤其是出川的"蜀道"，艰险崎岖，沿江的许多栈道开凿于峭壁之上，又窄又险，有的只有一米多宽，也只能容纳流马这种独轮车通过。另外，蜀汉偏处西南一隅，土地、人力都有限，马匹也有限。为了与北方曹魏的骑兵抗衡，大多数马匹都被用于作战。运输粮草大多要靠人力，而以人工为主的木牛流马恰恰弥补了这一缺陷，故而被蜀军大规模地使用。

陈从周、陆敬严根据文献及实地考察川北广元一带现存的古栈道遗迹及其宽度、坡度、承重等因素后指出，木牛流马是独特的独轮车，其车形似牛似马，具有特殊的运输功能。木牛有前辕，引进时人或畜在前面拉，还有人在后面推。流马不是四轮车，它与木牛大致相似，但流马没有前辕，进行时不用人拉，仅靠推，车形似马。

对上述看法持有疑问的人指出，独轮车、四轮车的机械原理十分简单，而且独轮车在此之前就已存在了，若诸葛亮只不过是"沿用"而已，何至于史书上大书特书呢？

因此，诸葛亮的木牛流马究竟是什么样子的，至今仍然是一个谜。

刘备墓之谜

◉ ◉ ◉ ◉ ◉

公元223年，刘备攻打东吴时在猇亭大败，退回白帝城后一命归天。刘备死后葬身何处？到现在是一个未解之谜。

我们先来看看史书的记载：刘备攻打吴国失败后，退到了白帝城，于公元223年4月病逝。5月，诸葛亮扶灵柩回成都。8月下葬。人们根据史料的记载，认为刘备的墓葬就在成都武侯祠。

因为上述的史料来源于陈寿的《三国志》，陈寿是蜀汉的观阁令史（从事文献档案管理工作），在蜀汉生活了三十多年，他必定知道刘备的葬处。刘备死后，尸体由奉节运回成都，后与吴夫人合葬于惠陵（今武侯祠内）。在今天的武侯祠内确实还有刘备墓的建筑。过去杂草丛生的墓地被泥土夯筑得更高

了，墓上种满了小小的翠柏，墓地周围也被青石条围护了1米多高，显得尊贵，有皇家气派。武侯祠博物馆的人在一次植树时，意外地在刘备墓的封土边缘挖掘的树坑中，发现了许多蜀汉时期的砖。这些砖位于刘备墓的封土边缘约300厘米的深处。砖的颜色与泥土近似，但质地很坚硬，砖的一侧长边上镂刻着花纹，与成都平原常见的东汉砖非常近似，是当时专为修建墓室烧制的。这些也都从侧面证明了《三国志》等历史文献中，关于惠陵与刘备墓在成都记载的可靠性。

一种说法认为刘备墓在四川彭山的莲花坝。持这种观点的专家首先驳斥了《三国志》等历史文献，关于刘备尸体运回成都的记载。刘备死于农历的四月，对于

四川来说，这是烈日炎炎、气温极高的夏天。当时的交通很不方便，从白帝城（今天奉节）到成都，全是逆行而上的水路和崎岖的山路，仅单行就得需要三十多天时间。如果花这么长的时间把刘备的尸体运到成都，按当时的尸体保持技术，要使尸体不腐烂是完全不可能的。因为在中国古代，根本没有很好的尸体保鲜技术。在公元前210年，秦始皇在出巡途中病死，在由山东向关中运送的过程中，仅仅经过十几天，尸体便开始腐烂。为了掩盖尸体散发的臭气，丞相李斯派人买来大量的死鱼放在车上，用腥气和臭气相混，来达到欺骗随行人的目的。中国古代有一种用石灰、泥炭包裹尸体的方法，其作用是吸收尸体内的水分，再用涂料把尸体密封。而科学证明用这种土办法根本不能保证尸体不腐烂。在古埃及，人们在制作木乃伊的时候，会在死者的腹部开一个小口，取出胃、肝、肠等内脏，防止细菌繁殖，以达到尸体不腐烂的目的。而在中国古代根本不可能采取这种方法。中国古人认为，头发都

取自于父母皮肤身体发肤，受之父母，不敢段伤，孝之始也。在三国时期，连削发也被视为是刑罚，更何况是作为一代帝王的刘备，人们不可能取出他的内脏。因此专家们一致认为，死在夏天的刘备，他的尸体不可能三十天不腐烂，也就是说诸葛亮根本不可能拉着臭气熏天的刘备尸体，经过长达三个多月的运输和存放，把刘备安葬在成都。

基于上述分析，有的专家认为，地处牧马山、彭山脚下的莲花村才是刘备的葬身之地，而成都的武侯祠只是刘备的"衣冠冢"。牧马山、彭山依山傍水，是古人墓葬的最佳选择之地，这里有五千多座汉代崖墓。尽管如此，这些墓葬的地理位置也不能与莲花村的皇坟相比。牧马乡的莲花村自古就有皇坟的传说，这里的皇坟有100多亩，附近的农民说，他们村里有80%的人家都姓刘，且一代传一代，都说皇坟里躺着的是刘备。皇坟被周围9座间距不远的小山丘尽收眼底。古代风水先生还把这一带叫做"九龙回头望"。如此好的风水宝地

除莲花村以外，在我国还有北京的十三陵，这种"九龙回头望"只有封建时期的帝王才能享用。而且牧马山又是刘备的养马场，刘备手下的文武百官中有四名心腹都是彭山人。现在的皇坟上，长满了各类杂草和茶树，被村民挖出来的墓砖四处散落，随处可见。墓顶侧，有几个六七米的盗洞，这些可能都是盗墓贼"光顾"后的痕迹。沿着洞口往下观察，全是一层三合土一层黄泥土夯筑起来的，靠近皇坟的地方还曾发现一块数十吨重的灌县石。这座皇坟总面积达100多亩，全是由石灰、黄泥和这种灌县石等混合物夯筑而成，由于墓建筑中混合有石灰，所以在皇坟的半山腰以上，竟然看不到蚂蚁、蚊虫之类的东西。

刘备虽然自称为中山靖王之后，皇室后裔，但他出身贫寒，父亲早亡，靠卖鞋为生。尽管如此，它还是不能摆脱两汉时期厚葬之风的影响。按制度规定，天子即位一年，就以天下贡赋的三分之一用于修筑帝王的陵墓。刘备在位3年，尽管与魏、吴两国战争不断，但仍有足够的时间去修建坟墓。但在当时的条件下，哪来那么多本地没有的黄泥？那么巨大的石头又是怎样从数百里之外的地方运到莲花村的？至今仍然是一个谜。

而且，除此之外，还有刘备埋藏于奉节的说法，我们不由得想到，刘备是一个乱世之君，为了防止盗墓，在出殡时很可能是兵分几路同时进行，目的在于迷惑那些企图盗墓的人，也正因为如此，给今日的考古界留下了许多难以确解的谜团。

远古防火衣之谜

◎ ◎ ◎ ◎ ◎ ◎ ◎

据说，汉朝的权臣梁冀，曾穿过用火浣布做成的衣服，这件衣服放到火中无论怎么烧都秋毫无损。这是天方夜谭还是真有其事？

公元239年2月的某一天，刚刚登上皇位的魏齐王曹芳，正在召见前来朝拜的西域使节，西域使节像往年一样，给中原王朝带来了大量的贡品，向这位新登基的天子一一展示。其中一件看似普通的布引起了在场官员的好奇，西域使节自豪地说这是一块不同寻常的布，并当场向人们演示这块奇特的布。西域使节让人拿来一炉炭火，把这块布放在了火里，只见烈焰升腾，劈啪作响，待火灭了以后，西域使节把布取出，布竟丝毫无损。在场人们都惊奇地发出啧啧的感叹声。西域使节越发感到得意，他又命人

给这块布上沾上污垢，再次把布放入燃烧的炭火中，须臾之间，垢尽火灭，布依然干干净净，好像在水中洗过一样。所以，西域人称这种布为火浣布。坐在宝座上的曹芳除惊讶称奇外，还表现出一种掩盖不住的尴尬，曹芳为什么会是这种处境呢？说起来还有一段颇为曲折的经历。

自西汉张骞打通西域后，中原和西域的物资交换很频繁，中原的丝绸源源不断地运往西域，并经西域流通到伊朗、罗马一带，西域的核桃、葡萄、石榴、苜蓿等十几种植物，逐渐在中原栽培。在西域输入中原的大量物品中，肯定就有这种耐火的火浣布，因为权臣大将军梁冀就曾穿过用火浣布做成的衣服。在一次大宴宾客的

酒会上，为了炫耀自己的这件衣服，梁冀故意与客人争抢食物，结果把衣服弄脏了。梁冀假装生气，脱下衣服扔到了火中，在场的人都很害怕，以为梁冀要大发脾气了，不约而同地看看梁冀，又看看火中的衣服。令人吃惊的是，火中的衣服不但秋毫无损，而且污垢全除。在旁佯装生气的梁冀，也得意地哈哈大笑起来，旁观者也大开眼界。到东汉桓帝时，汉王室土崩瓦解，自顾不暇，加之西域诸国纷争，两地的交通完全断绝，人们再也看不到这种神奇的布了。

到了曹魏时期，有关火浣布的神奇故事还在流传着，但是已有人开始怀疑其真实性。文帝曹丕就是其中之一，他认为没有什么布可以耐得住火烧，世界上根本不存在这种传得神乎其神的布。文帝曹丕还把这种推断写在了他的《典论》中。曹丕的儿子曹睿即位后，命人把《典论》刊刻在石头上，立于太庙门外和太学之中，以示永世。不想明帝曹睿死后不足一月，西域的使节就带着火浣布来到了京城洛

阳，并在新登基的少帝曹芳面前着实表演了一番，所以我们完全可以理解，为什么少帝曹芳会表现出尴尬的样子来。曹芳不得已，只能派人将曹丕《典论》中有关火浣布不存在的断言刮削干净。这件事成为当时人们谈笑的话题。

看来火浣布的存在已成事实，但它究竟是怎样制成的呢？却始终是一个未解之谜。

人们对它的原料也是多有猜测，另一种说法认为：在西域有个名为斯调的国家，那里多有火州。火州上的野火每年春夏之季自行燃烧，秋冬时节自行熄灭。火州上生长着一种特殊的树木，在春夏之季随火生而生，在秋冬时节随火灭而枯。

人们在秋冬时采集这种树皮纺织成布，就是这种防火的火浣布。

另一种说法认为：在西域的昆仑山地区有火焰山，火焰山上生长的草木动物都耐火烧，用这些草木皮、鸟兽毛做成的布当然也能抗火了。

还有一种说法认为：西域地区有一种老鼠，生活在火中，重100

多斤，毛长2尺有余，而且细如发丝。人们只要往这种老鼠身上泼水，它就会立即死亡。用死老鼠毛纺织成的布，就能防火。

上面这些说法听起来都很荒诞，缺乏科学依据。火浣布谜底的最终解开，还要依赖于文献记载和考古实物的发现。

隋炀帝的迷楼之谜

◉　◉　◉　◉　◉　◉　◉　◉

隋炀帝当年所建的迷楼极尽人间奢华，步入其中，令人意夺神飞，不知所往，即使"真仙游其中，亦当自迷也"！……神秘的迷楼，直到现在还是个谜。

万绿丛中一抹红，繁华想见古隋宫。

迷楼莹苑今何在？惟听群鸦噪晚风。

扬州市北郊绿树成荫的蜀岗东峦，掩映着一座朱红色的建筑，名为观音寺。寺中现存"鉴楼"一座，相传是隋炀帝迷楼的故址。

据史书记载，隋炀帝当年建造的迷楼极尽奢华。迷楼中千门万户，复道连绵；幽房雅室，曲屋自通。步入迷楼，令人意夺神飞，不知所往。有误入者，终日而不能出。炀帝游迷楼后，大喜过望，说："使真仙游其中，亦当自迷也，可目之曰迷楼"（《迷楼记》），迷楼缘此而得名。

隋代以前，扬州是一座繁华的通商口岸。自西汉吴王刘濞，从扬州茱萸湾东通海陵（今泰州）及如皋、蟠溪开凿了一条运河通盐运后，扬州渐渐成为淮盐北运的集散地，所以历来有"扬州繁华以盐盛"之说。

隋开皇十年（590），杨广调任扬州总管，在江都（今扬州）一住10年。乃至杨广即帝位后，仍然眷恋羡欣江都之繁华，曾三次南下巡幸。大业元年（605），炀帝令开通济渠，疏导邗沟，遣长史王弘督造龙舟并大造江都宫。炀帝在一首赐宫女的诗中说：

我梦江都好，征辽亦偶然。

（《隋遗录》）

有一个叫项升的浙江人为取悦炀帝，进献新宫图一幅。炀帝诏命有司在他梦中眷恋的迷人之乡——江都，依图建造新宫。数万工匠大兴土木，于是，一座天上绝无、人间仅有的壮丽宫殿在江都拔地而起。

迷楼的主要建筑为蜀岗十宫：归雁宫、回流宫、九里宫、松林宫、枫林宫、大雷宫、小雷宫、春草宫、九华宫、光汾宫。《寿春图经》记："隋十宫在江都县北长阜苑内，依林傍涧，因高跨阜，随地形置焉，并隋炀帝立也。"炀帝建造的迷楼亦称为新宫、长阜苑十宫，后毁于大火。

南宋宝祐六年至开庆元年（1258～1259），时贾似道守扬州，于蜀岗东岸建摘星寺，又名摘星楼。明代改摘星楼为"鉴楼"，取前车之覆，后车之鉴意。后来屡废屡修，摘星楼已不是当年的建筑了。

摘星楼是不是迷楼的故址呢？

清嘉庆《重修扬州府志》记："摘星楼在城西七里观音阁之东阜，即迷楼故址。"但是乾隆年间的《甘泉县志》却称，观音山寺"即古摘星亭址，俗传为隋迷楼故址者讹也"。

扬州地方志中对于迷楼的记载相左，所以对隋炀帝是否在扬州建过迷楼，有人表示怀疑。

早在晚唐时，韩偓曾撰写过一篇《迷楼记》，文中绘声绘色地描述了，迷楼当年的壮观景象及它的兴衰，文中只字未提扬州。据《迷楼记》文意看，隋炀帝的迷楼当在长安，后为唐太宗焚毁："唐帝提兵，号令入京，见迷楼，太宗曰：'此皆民膏血所为。'乃命焚之。"所以，有的学者据此说，隋炀帝的迷楼在长安而非扬州。

然而，隋唐以后的文人士子，给我们留下了许多赞誉迷楼的诗文，众口一说，隋炀帝的迷楼在扬州而非长安。

诗人描写隋代扬州的繁华景象说："扬州好，池馆昔繁华：烟雨迷楼巢燕子，春风隋苑种桃花。"（《扬州画舫录》）

扬州风俗尚奢华，达官贵人以迷楼为醉人之乡。李绅在《宿扬州》中吟道：

今日市朝风俗变，不须开口问迷楼。

包何在《同诸公寻李芳直不遇》中歌曰：

闻说到扬州，吹箫忆旧游。

人来都不见，莫是上迷楼。

唐代颜师古的《大业拾遗记》载："帝尝幸昭明文选楼，车驾未至，先命宫娥数千人升楼迎侍。微风东来，宫娥衣被风绰，直泊肩项，帝睹之，色荒愈炽，因此乃建迷楼。"文选楼遗址在今扬州旌忠寺，此亦可证迷楼建于扬州。

杜牧在《扬州三日》一词中具体指出迷楼靠近雷塘：

炀帝雷塘上，迷藏有旧楼。

雷塘位于扬州城北，炀帝死后即葬于此。

宋代诗人秦少游作《望海潮·广陵怀古》赞叹迷楼、月观气象万千："追思故国繁雄，有迷楼挂斗，月观横空。"

清初褚人获著《隋唐演义》，其第四十七回，记隋炀帝在扬州营造迷楼、月观，日在其中嬉戏："炀帝在江都芜城中，又造起一所宫院，更觉富丽，增了一座月观迷楼九曲池，又造一座大石桥。炀帝日逐在迷楼月观之内。"

古代留下的若干诗文，都足以佐证隋炀帝的迷楼建于扬州。但是韩偓的《迷楼记》为什么说迷楼建于长安呢？姚德永撰《迷楼考》一文，认为韩偓记迷楼在长安，可能是传闻之误。这仅是一种推测，缺乏考证。

隋炀帝的迷楼建在扬州还是长安？亦或在扬州、长安都建造过迷楼？神秘的迷楼到现在还是个谜。

玄武门政变之谜

◉ ◉ ◉ ◉ ◉ ◉ ◉

唐初，在玄武门演出了一场杀兄夺位的悲剧，推出了中国历史上一位杰出的皇帝李世民。他上台关键一步是"玄武门之变"，由于成功者后来做了皇帝，所以，顾名思义，当时的史籍倾向于他，但是也为后人留下了种种疑点。

唐高祖武德九年（626）六月四日，唐高祖李渊次子李世民率尉迟敬德等，伏兵长安宫城北门玄武门，杀死其长兄李建成和四弟李元吉，逼高祖立自己为太子，史称"玄武门之变"。围绕这次事变，有几个问题至今悬而未决。

第一个问题：事变的始作俑者。

唐高祖李渊的皇后窦氏生有四子，三子李元霸早死；长子李建成通常留居长安，协助高祖处理军国大事；次子秦王李世民领兵出征，统一全国。随着李世民在征战中屡建功勋，威望日增，李世民与李建成兄弟二人，争夺皇位的斗争日趋明朗化。在这场斗争中，四子齐王李元吉一直站在李建成一边。

一种意见认为，玄武门之变虽然是李世民策动的，但它却是由李建成酿制，最后自食其果；而李世民是在不得已的情况下，才决定采取先发制人的对策。据《资治通鉴》载："世民功名日盛，上常有意建成，建成内不自安，乃与元吉协谋，共倾世民，各引树党友。"李建成害怕声望日盛的李世民威胁自己的太子地位，多次欲置其于死地。武德七年夏季，当李渊去宜君县仁智宫避暑时，李建成乘机私下令庆州都督杨文干"募健儿送京师，欲以为变"，企图用武力除掉李世民；同年七月，李渊"校猎城南"，命三子同往，李建成故意拿"喜蹶"的胡马，让李世民骑。为此，李世民曾言："彼欲以此见杀，死生有命，庸何伤乎！"李建成还无中生有地通过妃嫔向高祖报告说："秦王自言，我有天命，方为天下主，岂有浪死"，想以谋反罪置李世民于死地。据《资治通鉴》载，在玄武门之变发生的前几天，李建成乘北征突厥的机会，图谋将秦王府的精兵和骁将移至自己手中，然后杀掉李世民，只是这一密谋被泄露，才未得逞。

另一种意见认为，玄武门之变作为争夺皇位的同室操戈，相互残杀，其始作俑者，乃秦王李世民。据《旧唐书》记载，武德四年，在平定王世充期间，李世民与当时秦王府记室房玄龄，拜访了一位远知道士。他对李世民说："方作太平天子，愿自惜也。"李世民听后很得意，取代李建成当太子的念头越来越浓。大臣封德彝亦认为，"秦王恃大勋，不服居太子之下"。著名学者陈寅恪先生认为，"唐自开国时，建成即号为皇太子，太宗以功业声望卓著之故，实有夺嫡之图谋，卒酿成武德九年六月四日玄武门之事变。"这话还是有道理的。

第二个问题：唐高祖的倾向性。

在李建成、李世民兄弟长期明争暗斗过程中，高祖李渊倾向于哪一方呢？有人觉得，李渊处处偏袒李世民，放手让其与长兄李建成争个高低，以取而代之。据不少史籍记载，太原起兵以后，李渊就曾对李世民许诺过："若事成，则天下皆汝所致，当以汝为太子。"当有的大臣眼看着李世民的权力日重，威胁到太子地位时，建议趁早将他打发出去。李渊不仅没有采纳，反而给予李世民更大的权力，特擢其为"天策上将"，位在王公之上，还增邑二万户，准许他"开馆于宫西，延四方文学之士"，促成其积聚起更强的势力；当事变发生时，李渊正在"泛舟海地"，有人将这个消息告诉他，并说："建成、元吉本不预义谋，又无功于天下，疾秦王功高望重，共为奸谋。今秦王功盖宇宙，率土归心，陛下若处以元良（太子），委之国事，无复事矣！"李渊当即回答："善，此吾之凤心也。"可见他倾向性是何等明显。

也有人觉得，确有许多史籍作了李渊倾向于李世民的记载，但大多出于贞观史臣们的虚构。李世民是成功者，由他当政时期编写的史籍，当然会进行种种有利于他的修饰。其实李渊一直是站在长子李建成的一边的。作为一位封建时代的帝王，"立嫡以长"的观念在他身上并没有动摇过。如在早年安排职务时，李渊就让李建成统率左三军，而让李世民统率右三军；李渊进封唐王后，李建成为唐世子，李世民则为秦公；及至李唐王朝创立，李渊还是毫不犹豫地立李建成为太子；后来，当李渊发现李世民有专制行为和夺嫡图谋时，对其流露过强烈的不满："此儿典兵既久，在外专制，为读书汉所教，非复我昔日子也。"

还有人觉得，鉴于隋王朝废立太子而引起骨肉相残的教训，李渊面对儿子们争权夺利的斗争，往往采取不偏不倚、摆摆平的做法。例如，武德七年，杨文干兵叛一事连及李建成，李渊一边许诺李世民为太子，一边要封李建成为蜀王，不得诛杀骨肉。最后，还把兄弟不能相容的罪责归咎于东宫与天策府官属；当夺嫡斗争愈演愈烈时，李渊就打算将李世民封往富庶的洛阳，但遭到李建成、李元吉反对，又只好作罢。

第三个问题：李渊让位之谜。

玄武门之变的刀光剑影刚刚散去，唐高祖李渊就戏剧性地将帝位让给了李世民，此举在封建时代是罕见的。对于李渊让位的原因，有人认为，这时他已年届六十，原来那种进兵长安的锐气早已衰退。当上皇帝后，生活日渐腐化，本人不愿再勤于政事，更不想亲自出征打仗，经受风霜之苦，于是产生了高升太上皇之位，坐享清福的想法，主动把皇帝之位让给了跃跃欲试的儿子。

也有人认为，经历了玄武门之变后，唐王朝的军政大权实际上开始落到李世民手中。在事变过程中，李世民既然下得了毒手杀害兄弟及其诸子，难保日后就不会向父亲开刀。据《廿二史札记》记述，当李渊"坐视其孙子以反律伏诛而不能一救，高祖亦危极矣"。心有余悸的李渊，为了避免落得隋文帝一样的下场，于是采取了主动行动。还有的论者认为，李世民暗中或许还对其父进行过威逼，令其交出权力。不管怎么说，既然李世民掌握皇权已成定局，李渊让位实属不得已的做法。

唐乾陵石像之谜

◉　◉　◉　◉　◉　◉　◉

　　唐高宗和武则天合葬的乾陵，立着形态各异、毕恭毕敬的石像本就令人费解，偏偏有些石像的头颅又不知飞到了何处，更是谜中之谜。

　　乾陵，位于陕西省西安市西北80千米处、乾县城西北的梁山上，是唐高宗李治与女皇武则天的合葬墓。统治中国达53年之久的两位皇帝已经在这里沉睡了1300多年了。

　　乾陵，规模宏大，气势雄伟，是唐陵中最有代表性的一座。陵园原筑的宫殿、城墙今已不存，但从地面遗迹看，内城的轮廓还在。从北面的玄武门到南面的朱雀门，直线距离1600余米，由东面的青龙门到西面的白虎门，约1200米。四门的石狮至今仍挺胸昂首，雄踞于门前。特别引人注目的是在朱雀门外的东西两侧，有两组石人群像，西侧32尊，东侧29尊，这61尊与真人一样大小的石人，有袍服束腰的，有翻领紧袖的，也有披发左衽的，发式、衣着和脸型各不相同，但它们都双足并立，两手前拱，整齐恭敬地排列于陵前，而它们的头大多已不知去向。

　　这些石像的原型究竟是些什么人呢？很长时间以来，很多人都认为，这些石像是按照参加高宗葬礼的外国首领或客使形象制作的。近年来，有人经过考证之后认为，这显然是一种误解，因为这种推测不符合当年立这批石像的历史背景和石像自身的文字记载。这些石像大约建成于武则天去世前后，初建时，每个石像背部都镌刻有姓氏、职衔、族别和属国国别等文字，表明他们是来自不同民族、不同地区的"藩臣"。但这些文字经过一千多年的风雨侵蚀，大都漫灭不清了，只有七尊石像上有残存文字，还可以识读。宋朝时，有一位陕西地方官叫游师雄，他曾考察过这些石像背部的文字，并作了记录。经鉴别，如今有35尊石像的衔名大体可以弄清，按他们所属的国别和地区，有人将其分为六类，其中包括来自唐安北（燕然）都护府属下的回纥诸部都督；来自安西都护府属下葱岭以东的各族首领、都督；来自唐北庭大都护府属下的西突厥地区的都护和谐都督和吐谷浑族的首领等。从这已知的35人的衔名里，可以知道他们的身份：真正的客使和侨居长安的外宾不过五六人，绝大多数是唐王朝属下的各族官员或质宿京师的诸属国国王、王子，其中有很多是唐朝廷的大将军、十二位将军、同时受命兼任唐边疆地区的地方行政长官。从品位上看，这些官职一般都在三品以上，有的甚至官居一品。从边境各族首领接受唐中央王朝的敕封、任命，得到唐

谜一样的石像，不知道在述说着怎样的历史

朝廷如此高的官爵俸禄来看，他们是唐朝统治阶级的一部分。通过这些石像原型身份的查明，不仅仅破译了一个个千古疑谜，还说明了唐王朝统治阶级具有多民族成份的特点，说明了唐王朝的辖地在北面到达了叶尼塞河流域，在西北面不仅有新疆地区，而且北至巴尔喀什湖与额尔齐斯河流域，西到碎叶河以西的千泉、俱兰、康、石诸国。这些石像是我国统一的多民族国家形成的一个历史见证。

那么，这些石像的头都到哪里去了呢？关于这一问题说法很多，据考证，这些石像在营建陵墓的当初是完整无缺的，从石像的脖子上可以看出头被砸掉的痕迹。但直到现在也无人能说清是什么人在什么年代又为什么将石像的头颅砸掉。关于这个问题的传闻主要有以下几种：

一说当年八国联军侵华时，见唐陵前立有外国使臣，感到有辱洋人的脸面，所以把石人的头全部砍掉了。但据史载八国联军侵华时其足迹并未到过陵地，看来此说不确。

另一说在明朝末年，瘟疫袭击乾县，当时病死的臣民百姓不计其数。百姓认为瘟疫的来源，可能是乾陵中的这些少数民族首领和洋人作祟，因而群起将这些石像的头都搬了家。明朝人李梦阳在写乾陵的一首诗中也曾写到：陵旁的石人在日落西山后变成妖怪出外作祟，路上行人断绝，妖怪践踏田禾、害人、吃牛又吃猪，惹得老百姓用强弓、镢头、锄头砸这些石人，使之碎的碎，伤的伤，身首分家。由此看来石人断首至少在明代或明代以前。

至于有人说石人的头毁于"文革"期间的造反派之手，这是不符合事实的。因为早在"文革"之前的许多年，石人的头就已经消失，况且，明、清都有"石人无首"的记载。

西安雁塔之谜

◎ ◎ ◎ ◎ ◎ ◎

西安大、小雁塔是唐代著名佛塔，都位于今陕西西安，透露出令人神往的魅力。而塔名何以称"雁塔"、大雁塔塔身何以倾斜、小雁塔怎会自动离合，这一切都让人琢磨不透。

古都西安，地处关中大平原的中心，自古以来，为帝王建都之要地。唐代的长安城就造在这里。提到古长安的建筑，其中最著名的建筑之一就是雁塔——大雁塔与小雁塔。

在佛教中有菩萨化身为雁，舍身布施的故事，雁塔以此命名。当然也有以下几种不同的看法：第一种认为西域建塔，最下层为雁形，玄奘游西域时，曾经见过此种构造，故仿造并用其名；第二种认为，建塔时有大雁过此，折翅坠落

而后葬塔中，塔由此而得名；第三种认为，塔刚建成时，尚未命名，忽见一群大雁落于塔上，后又飞去，因以为名；第四种认为，释迦牟尼本身为鸽，鸽与雁同类，而唐代习尚雁，凡言鸟，多以雁代之，建塔时也就以雁名之了。至于小雁塔，一般认为是与大雁塔比较而来的。

雁塔之得名，其说不一，耐人寻味，可谓一谜。然此两座古塔本身的奥秘，则更令人琢磨不透。

其一为大雁塔倾斜之谜。大雁塔始建于唐高宗永徽三年（652），初建时只有五层，后经武则天时代改建为十层，经兵火之毁，今仅存七层。大雁塔建于慈恩寺内，故又名慈恩寺塔，塔平面呈正方形，高64米，因在一

高阜之上，望去高入云天。唐朝诗人诗曰"塔势如涌出，孤高耸天宫"，即为写照。塔自第一层以上，每层显著向内收合，形如方锥体，自是坚固异常。然而，1963年10月，西安市测量队对其进行测量时发现，塔身已向西北偏斜了711毫米！1984年再测，塔身向西偏约866毫米，向北偏约170毫米，倾斜偏心约901毫米。至1988年，测得塔中心轴线向西北方倾斜998毫米。后又随着塔基的不均匀沉降，在塔身下沉335毫米的同时，塔身又向西北方倾斜4毫米。至1996年，大雁塔已倾斜了1010.5毫米，下沉500多毫米，但近几年大雁塔又有了回弹的趋势。其中原因，颇为难解。在中外古建筑中，不乏有斜塔，有的是建塔时有意使之倾斜的，也有的是由于后来的各方面原因造成了倾斜。然而，大雁塔的令人费解之处在于，不知其倾斜属于何种类型，为何又会自然复位？

大雁塔的倾斜引起了广泛的关注。人们根据大雁塔所处的地理环境和其他可影响塔身倾斜的各种因素进行分析，认为塔附近地面下沉是引起塔倾斜的主导因素。据考察，大雁塔一带的承压水，曾于20世纪60年代后期大幅度下降，塔北约1000米处，出现了东西走向的沉降槽，而大雁塔正处在沉降槽中段南部边缘的黄土梁上，地层的南北差异沉降使地面倾斜了，从而危及了大雁塔。而大雁塔的倾斜至70年代有逐步加剧的趋势。但也有人认为大雁塔的倾斜不足为虑。依据是经多年的十几次观测，发现塔身的倾斜度极小，测算结果，实际偏距每年只有1毫米。况且，"长安自上西风雨"，或许塔身倾斜是唐人建塔时有意为之的。

古人曾云"十塔九斜"，至于此塔是初建时就倾斜还是后来才倾斜，至今尚未清楚。然而值得引起注意的是大雁塔周围环境的变化。因为无论大雁塔初建时是何模样，地下水下降、上层滞水上升、地裂、地震等因素都可能对塔构成威胁，因而亟须对塔进行保护则是毋庸置疑的。再者，现在的大雁塔已经停止继续倾斜，且正在稳定复位，扶正的幅度也是每年1毫米左右、这又是令人不解的谜。

其二为小雁塔离而复合之谜。小雁塔位于唐长安城安仁坊荐福寺内，又名荐福寺塔。此塔建于唐中宗景龙元年（707），塔为四方形、十五檐的砖构密檐式，造型别有风味。此塔轮廓曲线收刹秀丽，刚劲遒健，堪称艺术杰作。

小雁塔原高15层，明嘉靖三十四年（1555），陕西地震，塔被毁去二层，今存13层。据记载这个至今已有1300多年历史的名塔，曾经历了大大小小的地震70余次，而且曾三次离而复合，这一奇异现象，使其披上一层神秘的色彩。

在小雁塔塔身第一层门楣上，有明代王鹤在嘉靖三十年八月二十九日的题记："荐福寺塔肇自唐，历宋、元二代，明成化末，长安地震，塔自顶至足，中裂尺许。明彻若窗牖，行人往往见之。正德末、地再震，塔一夕如故，若有神比合之者。"这段记载说明，从成化末（1487）到正德末（1521），经过34年的时间，塔虽曾裂过一尺多宽的缝，但没有塌掉，后来居然又"神合"了。

在清初学者贾汉复、王士禛等人的著述中，可看到小雁塔第二次离合的记载："荐福寺塔……十五级，嘉靖乙卯（1553）地震裂为二，癸亥（1563）地震复合无痕，亦一奇迹也。"第二次裂开后，经过8年时间，塔身又自然复合起来。

关于小雁塔第三次复合，有如下的记载，清道光十八年（1838），钱咏在其《履园丛话》中，除记载第二次离合外，接着写道："康熙辛未（1691）塔又裂，辛丑（1721）复合，不知其理。"此次小雁塔从裂开到复合的时间是30年。

此后，小雁塔又第四次裂开，其开裂的时间，并无确切记载，但新中国成立以后，有人曾见其裂开之状，其裂口有一尺多宽。此次"复合"是人们对其进行加固与整修时完成的。

小雁塔能不止一次地自动离合，实在令人奇怪。有人说，小雁塔之所以会裂开，是因其结构上存在缺点，即塔身上所开小窗南北相对，削弱了整体结构的牢固性。而它之所以没有倒塌，是由于有一个十分坚固的半圆型的塔基之故。

关于小雁塔的自动离合，有人推测：小雁塔的离合与西安地面裂缝的发展和消亡的机理是一样的，是地壳运动在不同物体上的不同表现。换言之，即地裂塔也裂，地合塔也合，小雁塔与大地同命运。一般情况下，地壳裂开时比较突然，合拢时则要缓慢的多，小雁塔的离合亦是如此。还有人认为，塔的自动离合，大概是第一次震裂时，有些砖块虚撑在裂缝中未能掉下来，第二次震时，砖块不再起撑持作用而纷纷落坠，塔身也就复合了。然而，可以肯定的是，小雁塔四次离合的原因，不可能一样。这是一个千古之谜，有待于学者与专家进一步探讨与研究。

杨贵妃死亡之谜

◉　◉　◉　◉　◉　◉　◉

　　唐玄宗与杨贵妃，共同演绎了一段千古传诵的爱情悲歌，唐玄宗沉溺于杨贵妃的姿色之中，过着"春宵苦短日高起，从此君王不早朝"的日子。范阳掀起的战火，惊醒了二人的美梦，杨贵妃随唐玄宗逃至马嵬驿后，不幸成为战乱的牺牲品，她的生死和下落成了一团谜。

　　九重城阙烟尘生，千乘万骑西南行。

　　翠华摇摇行复止，西出都门百余里。

　　六军不发无奈何，宛转蛾眉马前死。

　　花钿委地无人收，翠翘金雀玉搔头。

　　君王掩面救不得，回看血泪相和流。

　　天宝十五年（756）六月，洛阳失陷，潼关失守。盛唐天子唐玄宗仓皇逃离京师长安，其宠妃杨玉环死于马嵬驿。这非常引人注目的一幕，不知引起多少文人墨客的咏叹。然而，文人赋咏与史家记述是不尽相同的，对于杨贵妃的最后归宿，至今还留下许多疑团，可谓众说纷纭，莫衷一是。

　　有人说，杨玉环可能死于佛堂。《旧唐书·杨贵妃传》记载：禁军将领陈玄礼等杀了杨国忠父子之后，认为"贼本尚在"，请求再杀杨贵妃以免后患。唐玄宗无奈，与贵妃诀别，"遂缢死于佛室"。《资治通鉴·唐纪》记载：唐玄宗是命太监高力士把杨贵妃带到佛堂缢死的。《唐国史补》记载：高力士把杨贵妃缢死于佛堂的梨树下。乐史的《杨太真外传》记载：唐玄宗与杨贵妃诀别时，她"乞容礼佛"。高力士遂缢死贵妃于佛堂前的梨树之下。陈寅恪先生在《元白诗笺证稿》中指出："所可注意者，乐史谓妃缢死于梨树之下，恐是受香山（白居易）'梨花一枝春带雨'句之影响。果尔，则殊可笑矣。"乐史的说法来自《唐国史补》，而李肇的说法恐怕是受《长恨歌》的影响。

杨贵妃也可能死于乱军之中。此说主要见于一些唐诗中的描述。杜甫于至德二年（757）在安禄山占据的长安，作《哀江头》一首，其中有"明眸皓齿今何在，血污游魂归不得"之句，暗示杨贵妃不是被缢死于马嵬驿，因为缢死是不会见血的。李缢所作七绝《过马嵬》和七律《过马嵬二首》中有"托君休洗莲花血"和"太真血染马蹄尽"等诗句，也反映了杨贵妃为乱军所杀，死于兵刃之下的情景。杜牧《华清宫三十韵》的"喧呼马嵬血，零落羽林枪"；张佑《华清宫和社舍人》的"血埋妃子艳"；温庭筠《马嵬驿》的"返魂无验表烟灭，埋血空生碧草愁"等诗句，也

都认为杨贵妃血溅马嵬驿，并非被缢而死。

杨贵妃之死也有其他的可能，比如有人说她系吞金而死。这种说法仅见于刘禹锡所作的《马嵬行》一诗。刘氏之诗曾写道："绿野扶风道，黄尘马嵬行，路边杨贵人，坟高三四尺。乃问里中儿，皆言幸蜀时，军家诛佞幸，天子舍妖姬。群吏伏门屏，贵人牵帝衣，低回转美目，风日为天晖。贵人饮金屑，攸忽蕣英暮，平生服杏丹，颜色真如故。"从这首诗来看，杨贵妃是吞金而死的。陈寅恪先生曾对这种说法颇感稀奇，并在《元白诗笺证稿》中作了考证。陈氏怀疑刘诗"贵人饮金屑"之语，是得自"里儿中"，故而才与众说有异。然而，陈氏并不排除杨贵妃在被缢死之前，也有可能吞过金，所以"里儿中"才传得此说。

还有人认为，杨贵妃并未死于马嵬驿，而是流落于民间。俞平伯先生在《论诗词曲杂著》中对白居易的《长恨歌》和陈鸿的《长恨歌传》作了考证。他认为白居易的《长恨歌》、陈鸿的《长恨歌传》

之本意，盖另有所长。如果以"长恨"为篇名，写至马嵬已足够了，何必还要在后面假设临邛道士和玉妃太真呢？俞先生认为，杨贵妃并未死于马嵬驿。当时六军哗变，贵妃被劫，钗钿委地，诗中明言唐玄宗"救不得"，所以正史所载的赐死之诏旨，当时决不会有。陈鸿的《长恨歌传》所言"使人牵之而去"，是说杨贵妃被使者牵去藏匿远地了。白居易《长恨歌》说唐玄宗回銮后要为杨贵妃改葬，结果是"马嵬坡下泥中土，不见玉颜空死处"，连尸骨都找不到。这就更证实贵妃未死于马嵬驿。值得注意的是，陈鸿作《长恨歌传》时，唯恐后人不明，特为点出："世所知者有《玄宗本纪》在。"而"世所不闻"者，今传有《长恨歌》，这分明暗示杨贵妃并未死。

有一种离奇的说法是杨贵妃远走美洲。台湾学者魏聚贤在《中国人发现美洲》一书声称，他考证出杨贵妃并未死于马嵬驿，而是被人带往遥远的美洲。

还有一种说法认为，杨贵妃逃亡日本。日本民间和学术界有这样一种看法：当时，在马嵬驿被缢死的，是一个侍女。禁军将领陈玄礼惜贵妃貌美，不忍杀之，遂与高力士谋，以侍女代死。杨贵妃则由陈玄礼的亲信护送南逃，行至现上海附近扬帆出海，飘至日本久谷町久津，并在日本终其天年。

由上述可见，随着时间的推移，关于杨贵妃之死的传说愈来愈生动，当然，离史实也愈来愈远。其实，杨贵妃在马嵬驿必死无疑。《高力士外传》认为，杨贵妃的死，是由于"一时连坐"的缘故。换言之，六军将士憎恨杨国忠，也把杨贵妃牵连进去了。这是高力士的观点。因为《外传》是根据他的口述而编写的。从马嵬驿事变的形势来看，杨贵妃是非死不可的。缢杀之后，尸体由佛堂运至驿站，置于庭院。唐玄宗还召陈玄礼等将士进来验看。杨贵妃确实死在马嵬驿，旧、新《唐书》与《通鉴》等史籍记载明确，唐人笔记杂史如《高力士外传》《唐国史补》《明皇杂录》《安禄山事迹》等也是如此。

民间传说杨贵妃死而复生，

这反映了人们对她的同情与怀念。"六军"将士们以"祸本尚在"的理由，要求处死杨贵妃。如果人们继续坚持这种观点，那么，杨贵妃就会被当作褒姒或者妲己一类的坏女人，除了世人痛骂之外，是不可能有任何的赞扬。全部的问题在于：杨贵妃事实上不是安史之乱的本源。高力士曾言"贵妃诚无罪"，这话虽不无片面，但贵妃不是罪魁祸首，那是毫无疑问的。安史之乱风雨过后，人们开始反思，总结天宝之乱的历史经验，终于认识到历史的真相。

法门寺地宫佛骨舍利之谜

◉ ◉ ◉ ◉ ◉ ◉ ◉ ◉ ◉ ◉

1984年，随着法门寺地宫大门的轰然洞开，佛真骨露出了隐秘千年的"真容"，虚无缥缈的神话一下子变成了现实。但佛身真舍利是怎样传到中国的呢？又为什么埋在了法门寺？

公元873年，大唐懿宗咸通十四年。从京师长安到法门寺数百里的路途上，一派热闹非凡的景象：路旁香刹林立，香烟缭绕，梵音不绝。路上车辇坐骑逶迤绵延，昼夜相继，这是迎请佛骨的队伍。佛骨所到之处，不乏狂热的崇拜者：有一军卒，为表示自己的虔诚之心，在佛骨前砍断自己的左臂，用右手拿着断臂，一步一拜，后来体力不支，竟肘膝匍匐于佛骨前，终因疼痛难忍昏倒在地。另有断指、截发于佛骨前的善男信女不计

其数。还有一僧，把"艾"置头顶上，名门"炼顶"。燃着"艾"后，痛不可忍，仍口诵经文，坚持不弃，以致头顶烧得焦烂，仆卧于地。但佛真骨并未给唐懿宗带来好运，3个月后，唐懿宗驾崩，弥留之际，仍对佛骨念念不忘，遗诏皇太子不要违背他的意志，把佛真骨再送回法门寺。继位的唐僖宗丝毫不敢怠慢，于公元874年正月，送佛骨还法门寺，京城耄耋士女，争相送别，执手相谓："60年一度迎真身，不知何日又能再见！"并俯着于前，呜咽流涕。正月初四，佛骨在庄严肃穆的仪式中被掩入地宫后室下的秘龛中，随着两扇地宫石门的关闭，佛真骨就从人们的视线中消失了。法门寺的佛真骨是否还存在，成了一千多年来萦绕在人们

心中的一个疑问。1984年，随着法门寺地宫大门的轰然洞开，一切谜底都解开了，佛真骨也露出了隐秘千年的"真容"。

法门寺共出土了四枚佛指舍利，其中有一枚佛骨呈乳黄色，白色霉点附在佛骨之上，并有一细细的裂纹。这一枚为佛的真身"灵骨"，其余三枚为玉质，为佛的"影骨"。赵朴初先生在诗中写道："影骨非一亦非异，了如一月映三江"，灵骨好像高悬天空的明月，三枚影骨似倒映江中的月影。以佛家观点，巧妙喻出了灵骨和影骨的关系。舍利是梵文的音译，意为"身骨"。一般指释迦佛遗体焚化后结晶而成的固体物。如佛牙舍利、佛指舍利等。按照佛教的说法，舍利同凡夫俗子的死人之骨有根本区别，它的形成，既非生理的关系，也非食物结构的原因，而是积累苦修，功德昭著的标志，是戒、定、慧所熏修的成果。公元前485年2月15日，释迦牟尼涅槃，按照他的嘱托，葬礼准备了6天，到了第7天，众人抬着遗体往城南火化，当柴木堆积在棺椁四周后，柴堆竟自燃起火，火焰冲天，棺椁遗体迅速消失，只剩下一堆晶莹的舍利。弟子们把佛骨舍利拿到议事厅，围在中间，敬献花环、香料等供品，以表礼敬。到公元前3世纪，阿育王统一印度，大弘佛法，他把佛陀真身舍利分成84000份，分别盛入84000个宝函，起造同等数量的塔供人膜拜。还派许多高僧前往世界各地弘扬佛法。按佛经的说法，释迦牟尼的舍利名为身骨舍利，又叫生身舍利。它又分为白色骨舍利、黑色发舍利、红色肉舍利三种。法门寺所出的佛指骨，就属于骨舍利。随着佛教的广泛流传，佛教僧人和信徒日众，佛的真身舍利却愈来愈难以寻到，所以佛经里即有了专门指示崇佛之人找寻制做舍利替代品的论述。法门寺出土的三个"影骨"应该就是佛真身舍利的替代品。

佛教产生、发展的数千年时间，在纵横数万里的地域空间中，留传出土的佛陀真身舍利，何其稀少，所以用"珍贵"来形容法门寺的佛指舍利一点也不过分。这么珍贵的佛真身舍利是如何传入中国的呢？在中国的古书中，曾记录了不少汉魏时，以佛舍利传教弘法的史实故事：曹魏明帝时，因准备扩建宫室，想毁坏皇帝宫殿西面的佛塔。一外国和尚闻讯后前去阻止，他面见明帝，呈奏毁坏佛塔的利害，让宫人预备一金盘，盘内盛满水，只见此僧口中念念有词，将一枚佛舍利投入水中，顿时五色异光辉映闪耀，良久不灭。魏明帝大感惊诧，以为佛祖显灵，于是打消了拆塔的念头。法门寺的佛指真身舍利，也就是在佛教早期东传中土的过程中，由印度来华的梵僧带来的。

把中国佛教的舍利崇拜推向极致的是唐代的诸位皇帝。唐王朝从高祖李渊武德元年（618）始，共历22代，到唐哀帝李柷四年（907）结束，经过二百多个春秋，其中真正临朝执政者，除武宗李炎排斥佛教，多为崇信佛教之君。有唐一代，诸位皇帝曾七迎佛骨，仪式隆重，场面宏大，供奉珍宝数量众多，都是空前绝后的，这就是为什么法门寺除出土佛真身舍利外，还出土了大量珍贵的文物，那些都是历代皇帝虔诚地供奉给佛祖的礼物。唐宪宗时期，当时任刑部侍郎的大文学家韩愈，看到人们狂热的崇佛行为，认为是铺张浪费、伤风败俗，留下了千古名篇《谏迎佛骨表》。

法门寺佛骨舍利的出土，解开了历史上的一个谜团，使虚无缥缈的神话一下子变为现实。但佛真身舍利是如何传到中国？又是因为什么原因落足法门寺的？还都是待解之谜。

唐代基督教石碑之谜

◉ ◉ ◉ ◉ ◉ ◉ ◉ ◉ ◉

1625年，西安近郊一位农夫从地下挖出了一块"大秦景教流行中国碑"。不曾想由此而掀起了三个不小的风波……

明熹宗天启五年（1625），忽然从西安传来一个惊人的消息：一个正在施工的农夫从地下挖出一块石碑，石碑用黑色大理石制成，高约10英尺，宽不到4英尺，厚约1英尺，重达2000千克，碑头飞云和莲台烘托着一个十字架，包围着十字架的是一种无角之龙，就是中国古代器物上常见的装饰，名为"螭"，左右配上了盛开的百合花，碑名刻着"大秦景教流行中国碑"，碑文是用汉文和叙利亚文刻写的，叙述了景教（基督教摄斯脱利派）的教旨、仪式，以及唐太宗时从大秦传入中国，并在长安建寺和宣传教义

的情况。碑文还明确记载了此碑建成于公元781年。这个消息一传开，立刻震惊全国，最兴奋的当属那些在中国的西方传教士，他们纷纷赶往西安，想探个究竟。

明朝末年，西方传教士来到中国，他们开始在士大夫阶层传教，采用了各种手段，但始终没有取得好的结果，中国人似乎对他们宣传的上帝并不感兴趣，因此他们正在寻找新的良策。"大秦景教流行中国碑"的出土，无疑是上帝在帮助这些传教士，当他们考查这个碑果真属实时，真是兴奋异常，这说明基督教传教士，在一千多年以前便来到了中国，中国早在一千多年以前已经有了基督教教徒，传教士们感到欢欣鼓舞，他们很快就把碑文翻译成各种文字，向西方介绍。这

样在几年的时间里，西方信奉基督教的一些国家，都知道在中国发掘出一块一千年前的石碑，从此围绕着石碑掀起了一场不小的风波。

首先引起风波的是"大秦景教流行中国碑"是真实的还是伪造的？中国的学者一直未对景教碑的真实性提出怀疑，最早提出质疑的是一些欧、美国家的知名人士。例如大文豪伏尔泰，就曾嘲笑景教碑是耶稣会教士因传教不顺的困惑而想出的一个办法，他们伪造了景教碑并把它埋入地下，这是一种"虔敬的骗术"；到了19世纪，一些法国、美国的汉学家还延续这一说法，认为此碑是伪造的；1880年，著名的英国《泰晤士报》不仅说景教碑是伪造的，还对发现景教碑一事，进行了猛烈的抨击。但早期的基督教徒对景教碑做了详细的研究，认为无论碑文本身，还是从唐代基督教聂斯脱利派在东方传教的历史背景看，都能证明景教碑绝对不是伪造的。

引起第二个风波的是"大秦景教流行中国碑"何时被埋入地下？

一个宗教的石碑，诉说着一个宗教的历史

因何原因而被埋入地下？碑文本身已明确记载此碑建成于781年，但公元845年唐武宗下令灭佛后，此碑就莫名其妙地消失了，直到1625年才重见天日，这中间有关景教碑的情况，史书无一字记载。有的学者做出这样的推测：景教是845年遭禁绝的，但第二年唐武宗就死了，847年唐宣宗继位后马上撤消了灭教令，允许重建寺院，在这种情况下，传教士和信徒们完全没有必要把景教碑埋入地下。景教碑出土时完好无损，也证明它不是因建筑物倒塌等自然原因而埋入土中的。

引起第三个风波的是"大秦景教流行中国碑"是如何被发现的？因为景教碑在景教信徒的心目中是一件圣物，所以在这个问题上，有近乎神话般的不同传说。一种说法认为，在明崇祯年间，西宁府邹静长为人好善乐施，受到周围人的尊敬。可是不幸的是，他的小儿子得病突然死亡，邹静长在为儿子选择墓地时，选中了长安崇仁寺的南面，当挖地安葬时，竟挖出了景教碑，这说明邹静长好人得到了好报；传教士还流传着一种更为神奇的故事：据说每到冬天，天降大雪，四周都被白雪覆盖，唯独此碑上面的地上无雪，人们议论纷纷，认为下面肯定埋有宝藏，于是进行挖掘，结果就使景教碑重现于人世；比较诚实可信的还是这最后一种说法，1625年西安近郊因建筑房屋，民工在施工时，无意之中挖掘到了景教碑。

一千多年前景教碑刚制成不久就差点遭到毁灭的命运，一千多年以后景教碑出土后，同样也面临着被折磨的命运，可以说景教碑在这一千多年的历史中，始终与苦难伴随，饱经沧桑而终得安宁。景教碑刚出土不久，在西安一带的西方传教士把它当作属于他们的宝物，西安府的主教准备把碑作为礼物送给梵蒂冈，由于碑有两吨重，不便于运输，这个主教竟想把碑分成三块，分别运送，但终未能得逞。1907年，一个名叫何尔漠的丹麦新闻记者，竟打起了景教碑的主意，他准备将景教碑偷偷运走，为此还制订了一个周密的计划，同年他在西安找到了一个贪图利益的老石匠，与老石匠签下协议，何尔漠答应出高价，而老石匠必须赶在10月份前制出一块仿制品，以便他到时能偷梁换柱，把景教碑运出中国。可是当他10月份到西安时，才发现一切计划都落空了。原来，在何尔漠到达西安之前，地方当局为防止景教碑被盗，已把景教碑从原来的金胜寺搬进了"西安碑林"。这个丹麦记者只能失望而归了。从此经过一千多年风风雨雨的景教碑，终于找到了它的安身之地。

"大秦景教流行中国碑"是世界上四大碑刻之一。它的发现使我们看到一个这样的历史事实：那就是早在一千多年前的唐代，基督教已经传入中国。而一个新的问题又摆在我们面前：基督教最早传入中国是什么时候？是通过什么渠道传入中国的？这就需要更多的发现和更多的探索才能解开了。

王审知开辟的甘棠港之谜

◉ ◉ ◉ ◉ ◉ ◉ ◉ ◉ ◉ ◉ ◉ ◉

五代十国时期的闽王王审知，为了招来外国商贾，开辟了甘棠港。这个海港在何处，历来为学者瞩目，至今尚无定论。

王审知是五代十国时闽国的奠基者，范文澜在《中国通史简编》中说："907年，梁封王审知为闽王，王审知提倡节俭，减轻赋役，与民休息，在位29年，境内安宁。他收用唐流亡士人为辅佐，建立学校教本地士人，开辟海港，招来外国商贾，奖励通商，文化经济一向落后的福建，开始发展起来。"

关于王审知开辟的海港的名字，屹立在福州闽王祠内的《恩赐琅琊郡王德政碑》有记载："闽越之境，江海通津……途经巨浸，山号黄崎，怪石惊涛，覆舟害物……一夕震雷暴雨；若有冥助，达旦则

移其艰险……赐其水曰甘棠港。"甘棠港在何处，碑志及文献皆没说明，历来为学者所瞩目，是个纷争的问题。

问题的引起，是在远离福州的福建福安有甘棠港，而在闽江口所属的连江县，有黄崎半岛的也称甘棠港。这两处，孰是孰非？学者们各持己见。近来王铁藩发表了《唐末开辟的甘棠港址考》。他依据闽王王审知的判官刘山甫所撰的《金溪闲谈》来论证。首先确定刘山甫为主持甘棠港改建工程的人。《金溪闲谈》的记载是："黄崎镇，先有巨石屹立波间，舟多覆溺，王审知为福建观察使，尝欲凿之，而惮于力役。乾宁五年，因梦金甲神，自称吴安王，许助开凿。及觉言于宾僚，因命判官刘山甫往设祭，祭

未毕，海内灵怪俱见……凡三昼夜始息，已别开一港，甚便行旅……赐号甘棠港。"

据此，王铁藩集中探讨黄崎镇位于何处的问题。他根据《读史方舆纪要》："黄崎镇，唐咸通中置……明嘉靖中，以宁德县（属福安）之入崎为黄崎镇，而改黄崎为白石巡司"，但白石有上、下两个。改为白石巡司的是下白石，所以唐、五代的黄崎镇在下白石。下白石的白马港就是唐末的甘棠港。为了进一步证实自己的论点，他又论述了白马港的优越环境："白马港上接白马河……港的南端有水门与海相通，这里岸石壁立，形势险要，即所谓白马门，亦即古镇门，

王审知

门内水深面阔，风微浪静，水流平隐（疑为稳），具有停泊海船的条件……这种优越条件，不论在停泊安全还是防卫上，都十分适合辟为对外贸易港。"

王文还驳斥港在连江黄崎的说法，认为《连江县志》不见记载，与内陆交通不便，未见有征税机构。

林光衡不同意王铁藩的意见，他在《甘棠港辩析——与王铁藩同志商榷》分三个部分论述自己的看法。

第一部分：是对甘棠港址在福安县黄崎镇（下白石）提出质疑。他首先指出王文说刘山甫是主持辟港工程的人，没有依据。接着又指出："不论是刘山甫的《金溪闲谈》，或是唐天祐三年（906）后于兢记颂王审知功绩的《恩赐琅琊郡王德政碑》和后唐天成元年（926）翁承赞撰的《唐故威武军节度使守中书令闽王墓志》，都只字未提黄崎镇在今福安县附近。"林光衡进而又对宋《三山志》记载王审知开辟甘棠港在福安提出疑问，他指出《三山志》把辟港时间错推后了6年。

从唐光任元年（898）推迟到

唐天祐元年（904），与他书及碑刻所记不同。总之《三山志》关于甘棠港的记载是可疑的。林光衡又着重论述了下白石周围的地理、交通情况：下白石所在的福安地区是海拔300～500米的丘陵山地，交通极不方便，此地又远离闽国统治中心——福州，所以林的看法是："由于古代（事实上直至近代）今福安县内陆交通十分闭塞，根本不可能为唐末福建对外贸易提供陆上或内河货物集散地的运输条件。"

总之，唐末今福安县及其附近地区的经济尚未发展，当地不可能为王审知政权的对外贸易提供必要的外运货物。这样唐末今福安县沿海显然不存在王审知开辟的对外贸易商港。

第二部分：林文认为当时"港"的性质，不是现在港的性质："唐末王审知开凿的甘棠港，并不是一个'对外贸易港'或'商业港'，而仅仅是一段供船舶通行的近海航道。"理由一是宋徐铉注《说文解字》将港列为"新附字"；二是古代某地港口，一般直称地名；三是依据《琅琊王德政碑》只晚赐名其水为甘棠港。可见开辟甘棠港是开辟近海航道。

第三部分：林光衡从历代闽江通海航道来寻找甘棠港。他指出"由闽江口出海航道，一是出闽江口长门，过双龟屿……继续向北到达连江定海……过黄崎湾沿黄崎半岛，东北行经北菱后入海。二是船出双龟屿继续东行……穿过五虎门，再折向东北行，也达连江定海湾，再东行经黄崎湾，最后也过黄崎北菱航入大海。三是过福州亭江镇折向东行，沿浪岐岛和长乐之间的南港航行，经长乐县梅花大海"。他还指出最主要的航道是五虎门、定海经黄崎湾这条航线。据此，他认为"唐末王审知开凿的甘棠港道是在连江黄崎镇附近海中"。然而林光衡也还无法指出黄崎镇在连江何处，他的推论还需要补充证据。

近年来，文物工作者在连江定海的文物调查中，找到了沉船线索及海底文物。另外人们正努力找到真正主持闽国通商、贸易及主持开辟港道的人及有关文献。经过努力，相信用不了多久，甘棠港之谜也将迎刃而解。

杏花村失踪之谜

◉ ◉ ◉ ◉ ◉ ◉ ◉

清明时节雨纷纷，路上行人欲断魂。

借问酒家何处有，牧童遥指杏花村。

这首千百年来流传于世的著名诗篇，是晚唐诗人杜牧所作的《清明》，可谓意境悠远、情景交融。诗以景名，景以诗传，相得益彰。每当读起这首诗，都有一种让人身临其境的感觉，都想亲眼看一看杏花村的真实面貌，然而诗中的杏花村究竟在何处呢？

有的说在山西汾阳县，有的说在安徽贵池县，有的说在江苏丰县，有的则说在江苏宜兴，一时众说纷纭。经初步考察，与诗中有联系的杏花村竟多达数十个，究竟孰真孰假？成为历史考究的一个难解之谜。

究竟如何来判断哪个才是真正的杏花村呢？

很显然，诗中所描述的清明、有雨、美酒、杏花应该成为判定的基本依据。下面就对一些所谓的杏花村分别作以分析。

一是山西省汾阳县的杏花村。这个杏花村位于山西汾阳县城以北15千米处。自古以来，此地就盛产美酒。就是现在所产的汾酒也闻名中外，享有"甘泉佳酿"的美誉。唐朝时期，正像诗人所写的"处处街头揭翠帘"那样，村内酒店已多达数十家，可称得上名副其实的"酒村"。可以说，在众多的杏花村中，唯此处的酒最为有名，酒香甘甜，名满天下。另外，此地还有很多历代文人墨客的题诗碑刻，文学气息甚为浓厚，杜牧的这首名诗更是让它闻名中外。如此一看，似乎诗中的杏花村非他莫属了。

然而，一经仔细推敲，就会发现有两点根本不符：一是《清明》诗中所描述的雨景与此地不符。因为汾阳位于我国北部，在清明时节，还很寒冷，根本就不会下雨，有时也只是下雪而已。而仔细品味《清明》中所描写的情景，作诗地点应该是在多雨的江南。二是作诗年代与地点不符。杜牧作该诗时，正值晚年，而且落魄江南，从历史记载来看，晚年的他并未到过汾阳。

二是安徽贵池县的杏花村。该村位于贵池县城西南，杜牧曾在此地为官长达两年。据说此地有古井，而且井水清澈透底，还有一种淡淡的香味。采用此井水酿的酒，香醇可口，闻名于世。杜牧当时爱喝此酒，也爱到近旁郊游。清人朗遂作《贵池县杏花村志》，并将杜牧诗收入其中，更有后来的《江南通志》也将该诗录入，并且声称杜牧诗中的杏花村就是指此地。

但是，经过仔细探究，这里也有两点疑问：一是杜牧在当地做官，喝酒时必然是仆人替买，怎么可能自己亲自去买酒。二是他写《清明》诗时，已在当地为官半年之久，再加上他嗜酒如命，怎能不知道此地有盛产美酒的杏花村呢？况且此酒正是他所爱之酒。照此推断，这里的杏花村也不可能。

三是江苏丰县的杏花村。据说，该杏花村位于丰县城东南15里处。据《杜牧年谱》记载，杜牧一生中由于官职调动共赴京四次，其中竟有三次都经过丰县。而且宋代大文豪苏东坡写过一首关于丰县的诗，与杜牧的诗十分巧合。再者，杜牧在宋州宁陵县做官时，去宋州的运河道上，也要经过丰县的杏花村。还有最早的《丰县志》上也有杜牧的《清明》诗。由此看来，此地的杏花村也十分可能。

然而遗憾的是，这个杏花村自古以来从不产酒，并且据现在的考察，丰县城东7.5千米一带也并无所谓的杏花村。

四是江苏宜兴县的杏花村。据当地人讲，杜牧47岁被罢免官职后，就住在湖州，由于晚年不得志，郁闷至极，于是常到邻县宜兴游玩解闷。最后有时干脆住在宜兴的十里碑，并造了水榭，以供观光之用。据说距这个水榭1500米的地方，有个"杏花村"，过去四周都是杏树，一到清明前后，杏花盛开，从远处望去，十分美丽壮观，因此杜牧在此留下不少诗篇佳作。在唐朝，这里也盛产美酒，而且十分有名。有人据此认为这就是杜牧诗中的杏花村。但是，由于都是传说，论据难免显得有些不足。

一般人们都愿意从地理位置上来寻找诗中的杏花村。但另一些人却有不同看法，他们认为，杜牧诗中的杏花村很可能为泛指。诗只是用来表达情意的一种手段，不见得写个"杏花村"就肯定有个实际的"杏花村"相对应。也有可能以前游玩时，看到过一个杏花村，由于种种原因当时并没有写，后来到了晚年时，由于闷闷不乐，偶然回忆起了往事，才有感而发。况且"杏花村"就一定是指有杏花的村吗？有人也表示怀疑。

但无论从何角度来分析，诗中的"杏花村"应该的的确确存在。只不过杏花村到底在哪里，还有待进一步考究，也许只有杜牧自己知道。

无字碑之谜

◉ ◉ ◉ ◉ ◉

一生敢做敢为的女皇帝武则天，在临终前，叫来老臣，老泪纵横地颁下了最后一道圣旨。不，更确切地说，她给了老臣一个重托，请求老臣为她办理生命中最后一件大事——在自己的陵寝之前，立上一块无字的碑。自以皇后身份参政以来，到此已经50年了。

武则天创造了几个空前绝后的记录。她是中国历史上唯一的女皇帝；在历代皇帝中，唯有她给自己立了块"无字碑"。完全有条件为自己树碑立传，让自己名垂千古的风流女皇，为什么要在自己的墓碑上不着一字呢？千古功过，自有后人评说。难道她深谙此道？还是出于其他想法？可能是具有远见卓识、精明强干的武则天预料到了后人对自己的评说定然褒贬不一，才有了如此英明之举。

千百年来，人们对她的看法从来就没有统一过。有歌功颂德的，也有谩骂诅咒的，可谓众说纷纭，毁誉参半。历史就是这样令人难以琢磨。

赞颂她的人讲，在她掌权时期，做了大量对国家有利的事情，使得国家经济稳步发展，为后来的"开元盛世"打下了良好的基础。她不拘一格降人才，亲自上殿主持考试，提升了举人的地位。她开设武举科目，发展了科举制。

她重视农业生产，曾下令编写《兆人本业纪》，推广和改进了农业技术。她注意兴修水利，在陕西、甘肃等地修建了许多水利工程。她鼓励农耕，并把农村治理好坏，作为考察地方官的一个依据。

谩骂她的人为她罗列了几条罪状：

第一，她妖媚惑主。在太宗时期，她并不受宠，只是个"才人"，和一个侍女的身份差不多。后来才利用高宗的多情好色、多愁善感的弱点，让自己当上了皇后，最终又攫取了皇位。

第二，她严酷专横。高宗死后，她大权独揽，独断专行。屡兴大狱，囚禁亲子，冤杀宗室朝臣。到了晚年，更是骄横跋扈，不可一世。

第三，她生活奢侈糜烂，毫不检点。她不满足于锦衣玉食、富丽豪华的生活，还蓄面首，堪称伤风败俗。

多少年来，无字碑像一位曾经沧海的智者，默默无言地面对着历史的沧桑。今天，不管人们如何猜测，武则天留下"无字碑"的本意到底是什么，还是个谜。古今多少事，都付笑谈中吧！

杭州城井水之谜

◎ ◎ ◎ ◎ ◎ ◎ ◎

五代吴越国王建都杭州时，在一条古巷内开凿了100口井，有些井至今不涸，还在为杭州人民造福。这100口井是虚数还是实数？为什么要在这区区一方之地开凿这么多井？

杭州市延安北路有一条古巷，名百井坊巷，据传说是五代吴越国王（852～932）在杭州建都时，在这附近开凿了100口井，故名百井坊。自宋至清各代编写的浙江和杭州地方志上都有钱王井的记载，影响颇大，但究竟凿了多少井，为什么要在这一地区开凿这么多井，历来说法不一。

钱王究竟凿了多少井，各志所载不一：一、宋代《梦粱录》卷十一记载："祥符寺中向吴越王于寺内开井九百九十眼，后改他军器所堙塞，仅存数井耳"；《咸淳临安志》第三十七卷山川十六，"祥符寺井"条中记载与《梦粱录》相同。二、明代《西湖游览志》卷二十一记载：祥符寺"其广九里，子院有千佛阁、诸天阁、戒坛院，内有铁塔一、石塔四，钱王所凿九十九眼井。"成化《杭州府志》载："吴越王开井凡九十九眼，今堙塞，仅存数井。"三、清代康熙年间编撰的《仁和县志》说："戒坛院在祥符桥，日久寝废，有钱王井，铁塔基，明万历间经略宋应昌续建，僧广泰住持。"光绪《龙兴杂志》记载："吴越钱王宝正六十浚中兴寺戒坛院井，井九十九眼，号钱王井。"接着又说"则九十九是眼数非井数"。四、民国年间钟毓龙编写的《说杭州》第四章第六节"钱王井"条下记载："钱王井在城内祥符桥北，亦称祥符寺井。相传吴越王曾开井于此，凡九十九眼。今其地曰百井坊巷。以成数言之也。宋室南渡后，为御前军军器所，逐渐塞之，仅存二眼，相去各数十步。按此说甚可疑，曰九十九眼，则是一井而有九十九眼，非九十九井也。一井而有九十九眼，占地当甚广。不知当时其井栏如何措置？此可疑者一。当时人民虽苦斥卤，争汲甘泉，然后数眼多至十数眼，亦至九十九眼，岂非无谓！此可疑者二。且眼殊而井则同。一眼塞即影响于他足以给矣，乃眼，乃塞之九十六，其井犹不淤填，仍有三眼之存留，此可疑三也。"

祥符寺在祥符桥畔，即今之杭延安北路西侧，始建于梁大同二年，旧名发心寺，唐贞观中改为众善寺，神龙初改中兴，后又改龙兴。宋真宗时，改为大中祥符寺。吴越王于宝正六年（931），在寺内开凿百井，各志均有记载，这个事实已无可非议，问题是为什么要在这方圆1000米的寺内开凿如此众多的井，考查古今有关史料，所说

也不一样，并且也都没有说清楚。归纳起来，有以下几点：一、秦时，杭州市区还是一片汪洋，以后逐渐成陆，因此居民苦斥卤，水咸难饮，唐代李泌开六井引西湖水入城，钱王又凿百井，以解决居民饮水问题（《杭州坊巷志》）。二、当时的祥符寺是杭州城内最大的古刹丛林，寺基广袤九里有奇，这样大的寺庙僧人执事相当多，吃水问题，只好仰仗于凿井。楼钥《武林山》诗说"吴越大筑缁黄庐为穿百井"。三、当时这一带人口稠密，是钱江县县治所在地，再加上时吴越王在都城的六大兵营之一的"福州营"又驻扎在这附近。《祥符古志略》载："吴越王所凿井，散在寺内及民家。"

南宋初年，金人南侵，祥符寺被毁，后又改为南宋御营军军器所，钱王井多被湮没，至元代至元二十一年，僧人庵吉公重修祥符寺时，请郡府发还地券，"有司覆验得铁塔一，石塔二，古井九与图志合，知为寺之旧址无疑，乃给券书"。（成化《杭州府志》、光绪《龙兴寺志》）这就是说，到了元

初，钱王井还存八口（另一口为前殿之观音三昧井）。以后自明至清，祥符寺兴废不常，屡毁屡建。据《仁和县志》记载，康熙年间重修祥符寺，钱王井仅存三口，这三口井保存到清代末年：同治十年（1871）对钱王井进行了一次挑浚，并浚石四周筑土墙（《龙兴寺志》）。民国以来，逐渐埋没了。直到1984年8月，在杭州市文物普查时，经过多方调查考证，有关专业人员鉴定，查出了现在延安路北西侧人行道上的古井即为一千多年前吴越钱王所凿的钱王井之一。解放前此处为祥符寺巷，井名"铁甲泉"，水质醇厚、味甘，虽大旱而不涸，是杭州市内少有的甘泉，至今仍为杭州人民造福。现已由杭州下城区人民政府进行修葺，并在井旁树立了石碑，供游人参观。

钱王井距今已有一千多年了，但当时究竟开凿了多少井，是九十九口，还是一百口？是虚数，还是实数？是井数还是眼数？至今没有结论。还有，偌大一个杭州城，钱王为什么要在这区区一方之地开凿那么多井？查清这些问题对于研究吴越文化和古代杭州城市的发展，都有一定的意义。

赵匡胤猝死之谜

◉ ◉ ◉ ◉ ◉ ◉ ◉

公元976年，宋代开国之君赵匡胤一夜之间猝然离世。正史中又没有他患病的记载，难道另有原因吗？人们只好从野史中寻找答案。

其一说，开宝九年十月，一个大雪纷飞的夜晚，赵匡胤派侍卫急召他的弟弟赵光义入宫，好像有什么急事似的。据说，赵光义一进寝宫，赵匡胤便把其他人赶了出去。随后兄弟二人便开始豪饮，一直到深更半夜。第二天天刚亮，赵匡胤就不明不白地死了。据当夜在门外巡逻的侍卫称，曾看到寝宫内烛影晃动，并且有斧子落地的声音，同时大声叫道："好做，好做"，随后房内便没有了声音，这就是历史上的"烛影斧声"。赵匡胤死后，赵光义受遗诏，继承了皇位。

其二说，赵匡胤的妃子花蕊夫人，长得花容月貌、婀娜多姿，赵光义早就垂涎已久。于是便趁赵匡胤病中昏睡不醒时，溜入宫内，调戏花蕊夫人，没想到竟惊醒了赵匡胤。赵匡胤见状，自然十分恼怒，拿起玉斧就朝赵光义砍去。由于身体虚弱无力，哪里是赵光义的对手。赵光义心想反正事情已经败露，于是便杀了赵匡胤。

还流传一种说法，是说赵匡胤去世时已是四更，当时宋皇后和内侍王继恩都在身旁。宋皇后本想让王继恩把皇子德芳叫来。王继恩考虑到太祖早就向他说过要把皇位传给晋王赵光义，于是自作主张把赵光义叫了过来。进宫后，宋皇后问王继恩把德芳叫来没有，王继恩却说："晋王来了。"一开始，宋皇后还惊诧不已，后来突然醒悟，哭着对赵光义说："我们全家都托付给你了。"赵光义答道："你不要担心，我们共享富贵。"

说起赵匡胤把皇位传给赵光义，还有一种传说。说是杜太后病危时，觉得还有一件心事要对赵匡胤说，于是便让人去叫赵匡胤。赵匡胤刚到，杜太后便对他说："你之所以能够取得天下，全是因为后周的皇帝年纪太小，不能凝聚众心啊！如果后周也是一个年长的皇帝继位，你怎么可能会有今天呢？你和光义都是我的亲生儿子，将来把皇位传给他，国有长君，我们大宋才能长久不衰啊！"赵匡胤听后，觉得有道理，于是叫宰相赵普当面写成誓词，表示自己愿意将皇位传给弟弟赵光义，并封存于金匮之中，这就是后来人们所说的"金匮之盟"。

这些野史的说法，让后人对赵匡胤之死产生了很多疑问：

首先，如何来解释赵匡胤猝死之夜寝宫内发生的一切。按照宫廷礼仪，外人是不可以在宫里睡觉的，赵光义自然也不例外。即使赵

匡胤确有急事，也不可能让他在宫内住上一夜，况且两人痛饮，哪能像有急事的样子！太监、宫女本也不该离开皇帝，难道真的是赵匡胤让他们走的吗？还有，门外侍卫所看到的房内忙乱的身影、奇怪的斧音，以及赵匡胤"好做，好做"的喊声，又如何来解释呢？

其次，如何来解释王继恩假传懿旨。试想，小小的一个内侍王继恩，怎敢违反宋皇后的旨意。难道他就不怕事败之后的杀身之祸吗？

最后，"金匮之盟"的真假也值得怀疑。杜太后去世时，赵匡胤只有34岁，可谓正值壮年，况且他的儿子德昭当时也已经14岁了，怎么会出现群龙无首的局面！杜太后可是一生贤明，怎能会如此糊涂？更值得怀疑的是，赵光义登基5年后才向世人公布"金匮之盟"，为什么不在赵匡胤死时或之前公布出来呢？难道这里面有鬼？

还有，赵光义登基之后，违反常态的一系列举措，更是让人怀疑他是否真的杀了赵匡胤才得以继位的。

赵光义登基之后，当年就改换年号，而该年只剩下两个月。我们

都知道，按照常理，新君即位，都是第二年才改用新年号。如此般的心急究竟为何？

当时为武功郡王的赵匡胤长子德昭，带兵征讨北汉。德昭看到士兵们浴血奋战，于是就好心好意劝赵光义奖励出征的将士，可赵光义居然说："等你自己当了皇帝，再赏也不迟。"德昭感到此话中有话，估计性命难保，心想与其被赵光义杀死，还不如自刎算了。这难道不是逼杀吗？

赵匡胤的幼子德芳，年仅23岁，也神秘地去世，难道真的是像赵光义所说的死于疾病吗？

更为甚者，赵匡胤的遗孀死后，按照礼仪，继位的赵光义本应该按皇后礼仪给以安葬，况且当时还有很多大臣也劝他这样做，可他竟冒天下之大不韪，根本不理大臣的建议。

还有，他自己的弟弟也被贬郁闷而死。究其原因，可能是因为赵光义害怕自己死后，皇位按照同样的逻辑，也要传给弟弟。这样一来，自己的儿子又该怎么办呢？

更让人不解的是，赵光义的子孙后代却也相信他们的老祖宗是"杀兄篡位"的说法，把皇位又传给了赵匡胤的后代。据说宋高宗赵构没有儿子，谁来继承皇位呢？不少大臣们建议：赵匡胤是开国之君，应该在他的后代中选择接班人。起初，赵构当然对这种建议是大加反对。忽然有一天，他却莫名其妙地改变了主意。据说原来他做了一个梦，梦见宋太祖赵匡胤带他到了"万岁殿"，看到了当时血腥屠杀的全部情景，并对他说："你只有把皇位传给我的子孙，国势才能有一线好转。"于是赵构找到了赵匡胤的七世孙赵慎，并把皇位传给了他，试想如果赵构根本不信"杀兄篡位"之说，难道一个梦就会让他做出这么大的决定？

看来，赵匡胤极有可能死于赵光义的屠刀之下。是是非非，期待更多的考古资料来证实！

北宋纸币之谜

◎ ◎ ◎ ◎ ◎ ◎

北宋纸币虽然是世界上第一代纸币，但当时纸币的名称并没有统一的规定，各地流通的纸币也不一样。所以在北宋钞版被发现以后，关于钞版的名称问题，引出了一系列的争论，成为中国货币史上一大悬案。

现存最早的北宋纸币印版（俗称钞版），被誉为中国货币文化宝库中的一颗明珠，八百多年的北宋纸币，不仅是我国而且是世界上的第一代纸币，体现了当时高度的科学文化水平，在文化史上占有重要地位。因此在钞版发现以后，中外历史学家、钱币学家和货币史学家无不对之瞩目。北宋钞版呈长方形，上半部顶端是十枚钱币图形，其下有"除四川外，许于诸路州县公私从便主管，并同见钱七百七十

陌流转行使"的文字，下半部为屋木人物图案。钞版既无纸币名称，又无面值，它究竟是何种纸币的印版？长期以来人们一直在寻求答案。

20世纪初，中外学者就以钞版为研究课题。30年代，日本《东亚钱志》的著者奥平昌洪说，钞版是南宋的"会子"。1942年，我国钱币学家王荫嘉始认为钞版是北宋"交子"。从此钞版是北宋纸币的印版逐渐得到人们的公认，然而它是北宋何种纸币呢？建国后，国内学术界多称钞版是北宋"官交子"或"钱引"，此外还有一种"盐引"的说法。但以上关于钞版的论述都语焉不详，缺乏令人信服的证据。近几十年来货币史研究者加强了对北宋纸币的研究。李埏在1983年第三期《思想战线》上发表的

《北宋楮币史述论》一文，肯定了北宋还有一种名为"小钞"的纸币。叶世昌在同年第四期《中国经济问题》上，发表了《钱引乎？小钞乎？》，指出小钞是北宋末年的全国性纸币，并且首先提出钞版是崇宁五年"小钞"的印版。他在文中引举宋人《浮沚集》《续资治通鉴长编拾补》等史书后说：钞版上的文字完全符合小钞的情况。其理由是：第一，小钞是四川以外地区流通的纸币；第二，按照宋代以七十七文为百的省陌制度，印有"同见钱七十七陌流转行使"字样的正是一张一贯（面值）小钞；第三，发行小钞是临时性的措施，没有正式的纸币名称，所以这种纸币上没有印上纸币名称。这一见解的提出，突破了对钞版讨论的原有范围，引起了学术界的注意。

也有人主张钞版是"私交子"。乔晓金、卫月望在1984年第三期《中国钱币》上刊载的《宋代钞币"官交子"、"会子"质疑》中认为："北宋钞版与私交子或私钱引接近，但绝不是官家发行的官交子或官钱引。因为它缺少封建官府典章文物的严肃性，丝毫没有官造文书的气息，更不是小钞。"《质疑》还以记载官交子格式的历史资料来反证钞版是私交子。

不过无论是小钞还是私交子，这两种观点尚有各自不完善之处。钞版是小钞的见解并非无懈可击，据南宋谢采伯《密斋笔记》记载："崇宁五年敕节文：小钞，知通监造，……大观二年第一料，其样与

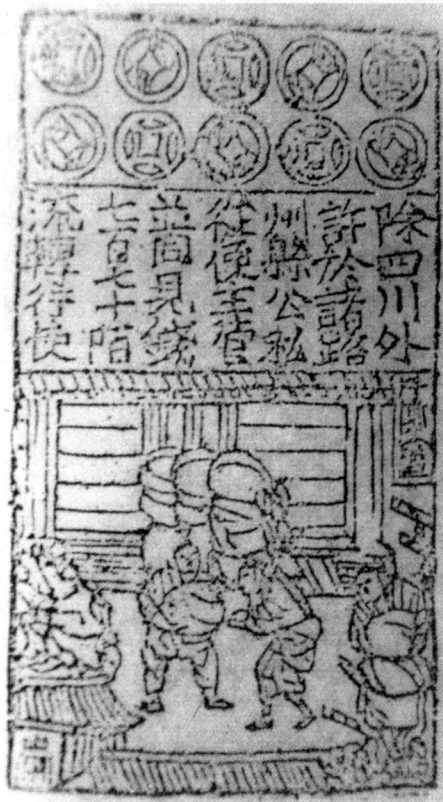

宋代纸币

今会子同，上段印'准伪造钞已成流三千里，已行用者处斩，至庚寅九月更不用'。中段印画泉山。下段平写'一贯文省'，守倅姓押子（字）。"折断史料记载的小钞与钞版的文字图案决然不同，但还不足以推翻钞版是小钞的结论。因为《密斋笔记》指的是大观二年的小钞，而崇宁小钞与大观小钞的式样很有可能是不一样的。所以钞版是否是小钞或这是何种小钞，有待进一步证实。

至于钞版是私交子的看法，有其难以说通的地方，钞版上的"除四川外"等文字，表明这种纸币在四川以外地区流通，而私交子则行于四川，显然是个矛盾。另外，钞版文字似用的是命令口吻，在封建社会发行的纸币中，命令语气只应来自官府，而不可能出自私商，这与钞版是私交子的结论也有抵牾，值得商榷。

目前，北宋钞版是何种纸币？存在官交子、钱引、盐引、小钞和私交子等五种不同意见，这种山重水复的情况，在我国纸币研究中还属仅见。一方面固然增加了钞版研究的复杂性，另方面却引起了更多研究者的重视和浓厚兴趣。迄今为止，钞版的研究还未能得出确凿的结论，但是学者们通过争论仍在锲而不舍地进行探索，以解决中国货币文化史上的一桩大悬案。

李师师之谜

◉　◉　◉　◉　◉

　　风流天子赵佶和风尘妓女李师师的风流韵事，是民间广为流传的故事。是否真有李师师其人？她和赵佶、周邦彦之间有过"三角恋爱"关系吗？她的晚景如何？……

　　芳容丽质更妖娆，秋水精神瑞雪标。

　　凤眼半弯藏琥珀，朱唇一颗点樱桃。

　　露来玉指纤纤软，行处金莲步步娇，

　　白玉生香花解语，千金良夜实难消。

　　这首诗，是小说《水浒传》中描写东京名妓李师师的。水泊梁山大头领宋江，正是通过她，向当朝道君皇帝表露了愿受"招安"的心意，最后全体归顺了朝廷。这个李师师是不是真有其人呢？

　　《李师师外传》和《贵耳记》都记载着她和北宋皇帝赵佶的风流韵事。

　　《李师师外传》是这样记载的：李师师，北宋汴京人，一个洗染工之女。按当时社会的民俗，父母喜爱的儿女，从小都要送到佛寺去挂个出家的名儿，叫做"舍身"。师师小时就长得眉清目秀，聪明伶俐，被爹娘视为掌上明珠，也就舍了身。当时的佛门弟子都习惯称"师"，所以，她就叫"李师师"。

　　师师4岁时，不幸父母双亡，她成了可怜的孤儿，跟随李姥姥过活。李姥姥年轻时当妓女，琴棋书画都很精通。她把李师师当成"摇钱树"，决心悉心调教，以便日后让李师师也当烟花女子，给她大把挣钱。李师师长大以后，色艺双绝，入了教坊，成了东京一名妓。达官贵人、文人学士都以和她交往为一大幸事。当朝皇帝宋徽宗生性风流，热衷玩乐，把朝政扔在一边，由奸臣把持，自己甚至打扮成平民模样到花街柳巷私会妓女。

宋徽宗第一次见李师师时，他假扮大商人，出手阔绰，送给李师师大把的金银、绸缎，显示富有，但李师师却对他不屑一顾，态度极傲慢，问话也不答，使他干坐一宿，非常扫兴。事后李姥姥问她为何如此冷漠？她说，她瞧不起这些靠钱买笑、浑身散发铜臭之人。

后来，听说来者竟是当今皇帝，李姥姥吓个半死，以为大祸临头了。李师师却很沉着，说逛妓院的事毕竟不光彩，皇帝忌讳此事，绝不会声张。并推测，宋徽宗第一次讨个没趣不会甘心，很可能第二次还来。果然不出李师师所料，春节之时，宋徽宗又登门来了。从此，李师师和宋徽宗打得火热，一块儿写字、画画、下棋、弹琴、卿卿我我，情爱甚笃。

宋徽宗特别欣赏李师师的幽姿逸韵，为她画了一幅画，题字道"金勒马嘶芳草地，玉楼人醉杏花天"。

《贵耳集》则记载，有一次宋徽宗到李师师家，碰巧开封府的监税官周邦彦也在那里。周邦彦听说皇帝来了，吓得躲在床下不敢吭声。皇帝走后，周邦彦把这段见闻填了一首词，叫《少年游》：

并刀如水，吴盐胜雪，纤指破新橙。锦幄初温，兽香不断，相对坐吹笙。

低声问：向谁行宿？城上已三更。马滑霜浓，不如休去，直是少人行。

意思是：刺骨的水，洁白的雪，纤细的手啊掰开新橙。房里暖暖的，烧着兽香，两人对坐吹笙。悄声地问：今晚哪里去住？城头已敲三更。马走打滑，寒霜浓重，不如不走，路上简直没人行。

后来，宋徽宗赵佶又到李师师处，听李师师唱《少年游》，浑觉词中所写仿佛上次来时情景再现。又听说是周邦彦所写，于是大怒，回宫以后弄个莫须有的罪名下旨罢了周邦彦的官并逐出京师。

隔了不久，宋徽宗又到李师师家，见李师师憔悴不堪，愁眉泪眼，原来她是送别周邦彦出京。她和周邦彦缠绵悱恻的情和抑郁无告的怨，使宋徽宗很感动。不久，他下了一道诏书，召回了邦彦，并提拔周邦彦当了个"大晟乐正"的官。

这两本书记录的故事，引出了两大疑问。

一是到底赵、李、周之间有没有这件风流韵事。

据考查，周邦彦生于1056年，死于1121年，活了65岁。李师师见到宋徽宗时，应该是1109年，李师师应该40多岁了，而宋徽宗赵佶才27岁，他怎么会看上一个老妇呢？再一查，周邦彦并没有当过税监这类小官，当朝也无"大晟乐正"的官职。这是否认者的观点。

大多数研究宋史的人持肯定观点。他们认为，这段风流韵事流传很广。记载这段故事的作者都是有一定地位之人，所记事实肯定有根有据。另外，当时叫师师的同名女子很多，有熙宁时代的师师，也有宣和时代的师师，此师师不是彼

师师。以一家之言推断宣和师师的年龄，是不对的。还有，宋代的官僚、文人到妓院厮混的大有人在，据说周邦彦就行为不检点，很可能"人老心不老"，年近花甲仍有花心。

二是李师师晚景如何？

有的说，李师师后来出家了。《李师师外传》写道，宋徽宗把皇位让给儿子宋钦宗之后，自号"道君教主"，退居太乙宫。李师师没了靠山，自身难保。当时金兵南侵，河北告急，李师师想法到北城慈云观当了女道士。

还有的说，她殉难了。说是金兵攻破汴京之后，金兵统帅挞懒听说李师师是名妓，指名要交出她来，张邦昌到处派人搜捕，终于把她送到金营。李师师宁死不受辱，拔金簪自刺咽喉，未死。又把金簪吞入肚腹，才死去。

后来，被拘押在五城里的宋徽宗赵佶，听说了李师师的惨死，也不禁悲痛欲绝。

不少人还说李师师南渡了。说她流落在江、浙、湖、湘一带。有人说曾在湖湘一带见到过她，有人

说在江浙一带，她曾和士大夫一起听过歌，还有人说她在杭州重操旧业，晚年嫁给了商人。宋人刘子翚写了一首《汴京纪事》：

辇毂繁华事可伤，师师垂老过湖湘。

缕金檀板今无色，一曲当年动帝王。

刘子翚亲身经历了靖康之难，这首诗是目睹的口气，所说可能是有根有据的。

总之，李师师在国破家亡、兵荒马乱之时，下场不可能如意，种种结局也只是人们的猜测而已，真实情况仍是个谜。

秦桧逃归之谜

◉　◉　◉　◉　◉　◉

　　1126年闰十一月，金兵攻下北宋都城汴京，俘虏了徽宗、钦宗二帝。次年2月，金人议立张邦昌为傀儡皇帝。秦桧这时任御史中丞，上书"尽死以辩"，反对张邦昌的伪立。因他忠于赵宋亡国之君，而反对金人意旨，故被金人拘留。徽、钦二帝被俘北去，秦桧、孙傅、张叔夜、何栗等人也一同被押至燕山府（今北京城西南）。4年之后，秦桧突然从楚州（今江苏淮安）回到南宋朝廷，自称是杀了监视自己的金兵而乘舟逃回。朝士之中，对此多表示怀疑，秦桧与何栗、张叔夜等人一同被拘，为什么秦桧能独自逃回？又自燕山至楚州2800里，渡河越海，难道没有盘诘设禁的人？他怎能杀监使南归？即使他跟随金兵南侵、途中金人放了

他，也会把他的妻子家属扣留，又怎能与妻子王氏等一同回来？但宰相范宗尹、同知枢密院事李回等人与秦桧有些私交，尽破群疑，力荐其忠。加之他被俘前表现出了一丁点儿"气节"，奸相面目没有充分暴露。一见到宋高宗时他又提出"如欲天下无事，南自南，北自北"的卖国求和主张，正中这位只知逃跑求和皇帝的下怀，于是立即被任命为礼部尚书。不久又挤掉曾经推荐过他的宰相范宗尹而爬上宰相宝座。秦桧专权后，日以求和卖国、排挤打击抗战派为事，他的逃归就更引起人们的怀疑。

　　秦桧是怎样从燕山回到南宋的呢？据南宋《中兴遗史》、徐梦莘《三朝北盟会编》、李心传《建炎以来系年要录》记载：秦桧与宋徽

宗被俘到燕山后，徽宗听说儿子赵构已经即皇帝位（即高宗），就写信给金帅粘罕求和，并让秦桧修改润色。秦桧又以厚礼贿赂金人，将书信送给粘罕，得到金人的欢心。后来徽宗、钦宗又被转移到韩州（今辽宁八面城），而秦桧因得金主的赏识，不但没有随主子迁徙，反而被赐给左监军、金主的弟弟挞懒为任用（执事），而且很快成为挞懒的心腹亲信。1130年，挞懒率兵南侵，任命秦桧为任用同行。秦妻王氏怕不能一同南来，夫妻俩暗商密计，奸狡地表演了一场闹剧。两人故意吵闹，王氏骂道："我家翁父，使我嫁汝时，有赍财二十万贯，欲使我与汝同甘苦，尽此平生。今大金国以汝为任用，而乃弃我于途中耶？"叫骂不断。挞懒住在秦桧的隔壁，挞懒之妻闻声赶来，问明情况后，极力安慰王氏，说此事不用担心，大金国法令允许家属同行。挞懒之妻又转告挞懒，挞懒也同意王氏同行，又行命秦桧为参谋军事、随军转运使。金兵攻楚州时，兵营扎在孙村浦寨中。楚州城沦陷，兵营中的金兵纷纷奔入

城内抢劫。秦桧密约艄工孙静，乘混乱之际，以催淮阳军海州钱粮为名，同王氏、家僮砚童、兴儿及亲信翁顺、高益恭等人乘船"挂席而去"。逃到涟水军界时，被丁祀水寨的巡逻兵捉获，准备捉去杀头。秦桧见事不妙，喊道："我是御史中丞秦桧。"巡逻兵谁个认识他？只当是奸细，凌辱拷打了一番。秦桧又喊："这里没有秀才？秀才应当知道我姓名。"恰巧有个卖酒的秀才王安道在场，这家伙本来不认识秦桧，却假装熟识，到秦桧面前，磕个响头，说"中丞劳苦不易"。大家信以为真，也就没杀他。次日，丁祀让王安道等人伴送秦桧到南宋行在。

楚州陷落后，四处都是金兵，秦桧怎能携带家属、亲信一帆风顺地逃跑？这不免令人生疑。秦桧不知什么时候，杜撰了一本《北征纪实》，书中没说"杀金人监己者奔舟而来"之事，而是说，他到楚州孙村浦寨后，日夜谋划回到朝廷，但无计可施。本想暂留以待日后时机，但既怕挞懒逼自己去招降楚州，又担心城破之后为敌所用，于

是推荐陈邦光、李侗等人给挞懒使用，又告诉挞懒，"楚州褊小，不足深讨"，想用这些办法来求"自免"。楚州城破之后，打算夜里骑马逃归，不料金人已四处事先设了埋伏，防备城中有人潜逃。只好"定计于食顷之间"，乘舟逃归。当夜行舟六十里，次日到丁家寨，拜访丁祀。丁祀推辞有病不见。第三天丁祀让副将刘靖等人以酒相待，谁知刘靖没安好心，隔夜谋划要杀他以图取包裹钱财。因他已闻到风声，故席上面责刘靖阴谋，刘见阴谋暴露，不敢再下手。他又亲自到丁祀军营，丁祀又拒绝接见，只好返回舟中。

秦桧编造的这段"脱险记"，李心传就不大相信。他引录了上段文字后加按语说，秦桧自称丁祀拒己不见，若果真如此，秦专权时丁祀必遭贬黜废死，但秦桧一当宰相，就提升丁祀，丁官至观察使，权倾一时，"不知但感其不杀之

恩，或又有曲折而收之以灭口？"此可疑一也。秦桧自谓随军至楚，计于食顷之间，假使初无放归秦桧之意，只令随军，必定会拘留其家属作为人质，哪能让王氏同行？此可疑二也。秦桧又自叙刘靖欲杀己以图谋他的包裹财物，既有包裹，哪会是登舟逃跑？此可疑三也。李心传进而推测，纵观秦桧回来执意讲和的所作所为，和"南自南，北自北"的主张，"岂非秦桧在金廷尝倡和议，而达赉（挞懒）纵之使归耶？今未敢臆决。"《宋史·秦桧传》则肯定地说"秦桧在金廷首唱和议，故挞懒纵之使归也"。《林泉野纪》更说秦桧在金时，为徽宗上书粘罕求和，粘罕大喜，赐钱万贯，绢万匹。进攻楚州时，"乃使乘船舰全家厚载而还，俾得和议为内助"。很多人都怀疑秦桧是金人放回以作内奸，但都无实据，至今仍是一个谜案。

夏太祖的继承人之谜

◉ ◉ ◉ ◉ ◉ ◉ ◉ ◉ ◉

西夏国奠基者李继迁在进攻西凉府时中箭，死后谥号夏太祖。他的继承人是谁？有两种说法……

西夏是我国古老的民族羌族的一支党项族所建。最盛时据有今宁夏及陕、甘、青、内蒙部分地区，和辽国、金国先后成为与宋代相鼎峙的政权。李继迁（963～1004）就是西夏的建立者，银州（今陕西榆林南）人，祖先为党项族酋长拓跋氏，唐太宗赐姓李，宋初任都知蕃落使。982年，其兄李继捧率众归宋，他不从，抗宋自立。从此，在宋、辽之间时叛时降。宋太宗曾赐其姓名赵保吉，命为定难军（夏州，今陕西横山西）节度使，辽国也曾封他为夏国王。宋真宗咸平六年（1003）十一月，他在进攻西凉府（甘肃武威）时中箭，次年（宋

真宗景德元年）正月初二日，因箭伤死在灵州（宁夏灵武），谥号夏太祖。

谁是李继迁的继承人？《辽史》与《宋史》各持一说，今人著作中也有两种不同的说法。李继迁、李德明（979～1031）、李元昊（1003～1048）在西夏历史中都占有重要地位，应该搞清楚。《辽史》《宋史》都是元顺帝时在中书左丞相（职同宰相）脱脱等人主持下编撰的，究竟哪种说法正确呢？

一种以《辽史》为据的李德昭之说。《辽史·圣宗本纪》卷十四记载：统和二十一年（1003）正月，"西平王李继迁薨，其子德昭遣使来告"；二十二年秋七月，"遣使封夏国李德昭为西平王"。《辽史·兴宗本纪》卷十八也说：

兴宗景福元年（1031）"以兴平公主下嫁夏国李德昭之子元昊，以元昊为夏国公、驸马都尉"。此外，《辽史·西夏传》卷十五、《辽史·圣宗本纪》卷十五、清李有棠《辽史纪事本末》卷二十五等书亦有同样记载。

有的学者认为，此说的依据似乎不是很充分。在《辽史》中本身前后说法就有矛盾。《辽史·西夏传》本文首段就记载：西夏"至李继迁始大，……子德明，晓佛法，通法律。……"但《辽史·西夏传》卷十五中又说："统和十八年（1000），授继迁子德明朔方军节度使。……二十一年继迁薨，其子德昭遣使来告。二十二年七月，封德昭为西平王。……二十八年封德昭为夏国王。……兴宗即位（1031）……李德昭薨，册其子夏国公元昊为王"。在同一书中，李德昭之名出现在李德明之名之后，他们的情况又基本一致，而且据史籍记载，李继迁只一子，据此，德昭与德明似是一人。但何以前后矛盾？有的学者认为，《辽史》系杂抄诸书而成，疏略错误之处颇多，如把德明的"明"，笔误成

皇室的继承人本无可厚非，而我们竟争执至今

"昭"，就是一实例。另据清人李有棠在其编辑的《辽史纪事本末》卷二十五中的一段"考异"说，《辽史》之所以把德明写作德昭，是因为避讳而改的。

另一种以《宋史》为据的李德明之说。《宋史·夏国传》卷四八记载：咸平六年春，李继迁于"景德元年（1004）正月二日卒，……子德明立，……德明小字阿移。"宋真宗授德明为"定难军节度使，……西平王，……时了亦遣使册德明为大夏国王。……德明娶三姓，卫慕氏生元昊"。

持此说者认为，根据考证宋人的著作，李德明之说似是正确的。李焘《续资治通鉴长编》卷五十六、曾巩《隆平集》卷二十、沈括《梦溪笔谈》卷二十五、司马光《稽古录》等著作，以及《宋会要辑稿》《宋大诏令集》等重要历史文献资料，都记载李德明是李继迁的嗣续人。与此相反，在这些大量的材料中，甚至与李继迁有直接关系的人中，连李德昭其名都没有。同时，这一结论也早为后代学者所接受，明清两代有关西夏的

论著，以及近人几乎全部著作和论文，都沿袭《宋史》的李德明之说。

此外，还可以从以上著作的作者，以及文献资料的情况加以论证。李焘系南宋史学家，其活动年代正当西夏后期，他的著作用材严谨，精于考证。曾巩是北宋著名文学家，唐宋八大家之一，曾任史馆修撰。沈括是北宋著名科学家，学问渊博，注重调查研究，著书立说严谨，其《梦溪笔谈》中，有关自然科学和历史资料部分，数量最多，价值也最高。他曾在陕西为官，与西夏为邻，并与其有过交往。至于司马光更是史学界之泰斗。曾巩、沈括和司马光与西夏李元昊是同时代人，以他们所处的地位，所从事的职业，他们对李元昊之先辈，西夏的奠基者，当然是很清楚的。《宋会要辑稿》不仅是两宋典章制度的渊海，而且史料价值也很高。《宋大诏令集》系收录北宋各朝颁布的诏令，更是原始材料。

以上两种说法各有依据，究竟哪个正确，还需学者继续研究考证。

西夏王陵之谜

◉ ◉ ◉ ◉ ◉ ◉

　　在宁夏回族自治区首府银川市以西约25千米的贺兰山东麓，有一大片古代帝王的陵园。那是西夏王国9代帝王的安息之地，距今已有700～900多年的历史了。

　　西夏是党项族建立的封建政权，在公元1038～1227年的190年中，先后跟北宋、南宋相对峙。根据考古工作者在1927～1975年，对王陵中第八号陵墓发掘所获得的文物资料，结合有关史书中的记载来看，可以知道西夏王国具有严密的政治制度、比较完备的法律和独树一帜的西夏文字，是西北地区一个比较强大的封建王朝。

　　西夏王陵的范围东西宽约5千米，南北长约10千米。在这个约50平方千米的陵园里，9座王陵及其附属的253座陪葬墓，按时代先后，依山势由南向北顺序排列，形成了一个整齐的墓葬群。每座王陵占地约10万平方米，都舍弃贺兰山的石头不用，一律用夯土筑成。原先都有自己的阴门、碑亭、月城、内城、献殿、内外神墙、角楼等附属建筑。由于年深月久，如今每座陵墓的附属建筑多已毁坏，独有陵墓的主体仍巍然挺立，向人们显示着西夏王国的历史风貌，因而被人们称为"中国的金字塔群"。

　　凡是参观过西夏王陵的游客，除了充分领略西夏的风格以外，仔细一想，都会觉得有许多问题像谜一样留存于脑海，难以求得解答。

　　问题之一是，9座西夏王陵为什么没有损坏？王陵的附属建筑都已毁坏了，但以夯土筑成的王陵主体却巍然独存。根据年代推算，时间最久的一座王陵距今约900年，最晚的一座也超过了700年，如此漫长的岁月，许多砖石结构的建筑已经由于风雨的侵蚀而倾毁倒塌了，更何况是夯土建筑。有人认为是王陵周围原有的附属建筑保护了王陵主体，使它免受了风雨的侵袭。可是那些附属建筑有的早已不存在，很难说它们起了保护王陵主体的作用。有人认为王陵在贺兰山东麓，西边的贺兰山就是王陵的一道天然屏障，为它们挡住了西北风的侵袭。可是王陵主体和附属建筑同样都在贺兰山的屏障之下，为什么附属建筑都已毁坏而王陵主体却安然无恙呢？

问题之二是，王陵上为什么不长草？贺兰山东麓是牧草丰美之地，西夏王陵的周围也多是牧民放牧牛羊的好地方，可是唯独陵墓上寸草不生。有人说陵墓是夯土筑成的，既坚硬又光滑，所以不会长草。可是石头比泥土更坚硬，只要稍有裂缝，落下草籽，就能长出草来，陵墓难道连一点缝隙也没有吗？有人说当年建造陵墓时，所有

西夏王陵重重的谜团，仍在等着人们去解开

的泥土都是熏蒸过的，失去了使野草得以生长的养分，所以长不出草来。可是熏蒸的作用能持久到将近千年吗？陵墓上难免有随风刮来带有草籽的浮土，这些浮土是未经熏蒸的，为什么也不长草呢？

问题之三是，王陵上为什么不落鸟？西北地区人烟稀少，鸟兽比人烟稠密地区相对要多一些，尤其是繁殖力较强的乌鸦和麻雀遍地都是。乌鸦落在牛羊背上，落在树上和各种建筑物上。麻雀更是落在一切可以让它们歇脚的地方。可是它们唯独不落在王陵上。有人认为王陵上光秃秃的，没有什么可吃的东西，所以不落鸟类。可是有些光秃秃的石头或枯树枝上，也没有什么可吃的东西，为什么常会落下一大群乌鸦和麻雀呢？难道鸟类也知道封建帝王具有权威而不敢随便冒犯吗？

问题之四是，西夏王陵的布局有些令人不解。王陵按照时间顺序或者说帝王的辈份由南向北排列，

但是每座王陵的具体位置的安排，似乎又在体现着什么事先设计好了的规划。如果从高空俯视，好像是组成了一个什么图形。有人说那可能是根据八卦图形定的方位，也有人说那是根据风水安排的。可是最早一个国王的逝世到最后一个国王的逝世，时间相差近200年，怎能按照八卦来定方位呢？事先谁能估计到西夏王国要传9代王位呢？再说，西夏是党项人建立的政权，党项是羌族的一支，难道他们也崇拜八卦和相信风水吗？

目前，我们对西夏王国的历史文化以及风俗民情等还没有充分的研究，知道得还不太多。也许在西夏的各种文书之中，能够找到关于王陵的具体规划设计，说明这样安排的理由，也可能在有关的记载中，会解答王陵的种种难解之谜。但是很可惜，目前人们还没有寻找到开启这些谜团的钥匙，只好让王陵守着它的秘密，在沉默中继续等待。

成吉思汗陵墓之谜

◎ ◎ ◎ ◎ ◎ ◎ ◎ ◎

成吉思汗的一生是在马背上度过的。他能征善战，所向无敌，四处扩张。他首先向南扩张，降服了西夏。接着攻陷了金国的中都，然后挥师西进，直达中亚、东欧，把中亚古国花剌子模的国君，逼上了里海的荒岛，再向东击溃了俄罗斯军队，把疆域扩张到顿河一带。1226年，成吉思汗再次攻打西夏。第二年，在即将攻克西夏首都之前，逝世于行营中。成吉思汗为他的孙子忽必烈统一中国、建立元朝奠定了基础。他的蒙古铁骑震撼了世界。

但是，他的陵墓在哪里呢？

在我国，历代帝王的陵寝不仅是重要的文物古迹，还是难得的旅游资源。历代封建王朝都曾建筑风格各异的皇陵，成为游人眼中绝妙的景观。著名的蒙古首领、一代天骄成吉思汗的陵墓，算得上最吸引游人的一个。成吉思汗陵建筑在美丽的鄂尔多斯高原上。这里牧草腾碧浪，羊群卷雪花。在蓝天绿草之间，三座蒙古包式的大殿肃然伫立，明黄的墙壁、朱红的门窗、辉煌夺目的金黄琉璃宝顶，使这座帝陵显得分外庄严。然而，令人想象不到的是，在这座豪华庄严的陵墓里，并没有葬着成吉思汗的遗体，换句话说，这是一个假陵！乍一听，谁都觉得难以置信，可它偏偏是事实——一代天骄的遗体至今未曾有人发现过。成吉思汗最初的葬地在哪里，至今还是一个未解的谜。

成吉思汗，原名铁木真，1162年出生于蒙古一个部落贵族的家庭。他凭着机智勇敢，先与克烈部首领王罕联合击败了实力强大的扎木合，而后又击败王罕，威名日盛，完成了蒙古各部的统一大业。公元1227年8月，在亲率大军进军西夏的途中，成吉思汗染病故于今六盘山西南的清水县，终年66岁。

据《蒙古源流》载，成吉思汗的陵寝，即"八白室"（八座白色毡帐），建立在今阿尔泰山和肯特山一带的蒙古高原上。明朝天顺年间，守护陵寝的鄂尔多斯部进入鄂尔多斯高原，"八白室"随之迁来。清初在鄂尔多斯高原设立伊克昭盟，"八白室"就供奉在伊克昭（蒙语，意大庙，指今王爱台）附近，后又移至今伊金霍洛旗（蒙语，意为帝王陵寝）。从此，成吉思汗的灵柩被安放在鄂尔多斯高原的伊金霍洛旗甘德尔敖包（蒙语，意为土岗），至今已有300年之久。前面提到，成吉思汗是在率军进军西夏的途中病故的，当时征战紧张而成吉思汗的部下，为什么非要将其遗体千里迢迢运回蒙古大本营安葬呢？对此传说不一。

据记载，当年的一次行军途中，成吉思汗在一棵孤树下休息，沉默思索了很久，站起来说，将来我要葬在这里。这句话后来就被奉为遗嘱，当成吉思汗死在异国后，他的部下不顾千里之遥，运灵回蒙古，为的是遵循成吉思汗的遗命。

还有一种传说，认为成吉思汗率军经过鄂尔多斯高原时，为这里旖旎的风光所陶醉，竟将手中的马鞭跌落于地。他坐在马背上沉思良久，赞美这里是衰亡之朝复兴之地，太平盛邦久居之处，梅花幼鹿成长之所，白发老翁安息之乡，表示将来要葬在这里。他让士兵将马鞭埋在这里，堆起了敖包，准备死后安葬于此。

按照蒙古民族的遗俗，他们的君主无论死在何地，他的遗骨都必须送到他们的祖先的发祥地漠北去。

据《元史》载，"成吉思汗葬起辇谷"。所谓"起辇谷"，大概是肯特山脉中的一道山谷。"辇"是古时帝王乘坐的车。"起辇"就是说，成吉思汗从这里乘车，起步，先统一蒙古各部，再建成横跨欧亚大陆的蒙古汗国。可惜，这个

"起辇谷"年久失传，早已湮没无闻了。

另据《多桑蒙古史》记载，成吉思汗的墓地在斡难、怯绿连、秃剌三水发源之不儿罕合勒敦诸山之一中，可是这山既没栽树，又无标志，群山莽莽，四顾茫茫，哪里寻觅呀！为了祭祀成吉思汗，后来的蒙古人为他建立了一座马背上的陵园："八白室"。所谓"八白室"，就是八座白色的毡帐。毡帐里供奉着成吉思汗的遗物，象征着墓地。这样的陵园既便于迁移，也便于祭祀，很符合游牧民族到处迁徙的特点。"八白室"迁移多处，起初在肯特山一带的蒙古高原上，后又移到黄河河套一带，最后迁到鄂尔多斯高原，现在的地点在伊金霍洛旗。"伊金霍洛"在蒙语里就是"主人的陵寝"之意。

成吉思汗墓地之难寻，原因其实很简单。

从传统上看，蒙古族是游牧民族，迁徙频繁，渤海无垠，黄尘弥天，建了高大陵寝也会被沙丘掩埋。所以，该民族是薄于"墓葬"而奉行"天葬"和"野葬"的。无论是天葬或是野葬，不外乎是将尸体暴露于荒野，最好被鸟兽食尽。蒙古的王公贵族身份高贵，当然不行"天葬"、"野葬"，但也遵循"墓而不坟"的古训（深埋地下为"墓"，隆起地面为"坟"），成吉思汗的陵墓也只能按传统深埋于地下。

再从当时现实看，成吉思汗是在战争中去世的，即将攻克西夏都城的紧要关头，如果大汗去世的消息传了出去，势必会动摇军心，而给强敌以喘息和反攻的机会。所以，当时，成吉思汗为了骗取西夏早日投降，留下遗嘱"秘不发丧"。待西夏投降后，才由一支秘密骑兵部队，护送灵柩到预定墓地。据说，到达墓地把灵柩深埋之后，还把原来地面上的草、木、石等还原，不留一点痕迹，并用群马在墓地上任意践踏，使之平整，再在上面当着一匹母骆驼的面杀死它的小骆驼，然后，派支部队远远守护它。等第二年青草长起，四周的大草原绿成一片，无法分辨了，才拔营撤走，确保万无一失。

为什么留下母骆驼呢？据说，

骆驼有辨识自己血亲的天性。将来要寻成吉思汗的墓地时，只以母骆驼为向导，就能找到小骆驼死的地方——那里就是大汗的墓了。可是，这只骆驼如果死了，或是后继的骆驼死了，那么成吉思汗的墓地将永远无人知晓了。现在，骆驼没了，谁也破解不了这个谜了。

这就是成吉思汗陵寝无法寻找的根本原因，一个永远难解的谜！

建文帝失踪之谜

"靖难之役"，朱棣攻进南京夺取了侄儿的皇位，并在诏书中说建文帝"阖宫自焚"。但是，太监在火后灰烬中反复搜察，只找到马皇后与太子朱文奎的遗骸，无法验证建文帝的生死……

建文帝朱允炆是明朝开国皇帝朱元璋之孙，他的父亲是朱元璋的长子、太子朱标。洪武二十五年（1392），太子朱标病死，明太祖为避免出现兄弟争位、自相残杀的惨剧，立朱标长子朱允炆为皇太孙。同时为巩固朱姓天下，明太祖学习汉高祖的做法，大封同姓王。洪武三年（1370），分封第一批皇子九人；洪武十一年（1378），分封第二批皇子五人；洪武二十四年（1391），分封第三批皇子十人为王，至此，朱元璋诸子全部被封

为王。这些诸侯王驻守各地军事、经济重镇，其中九位分别镇守西起甘肃东到辽东的广阔区域，称为九边，实力不俗，其中尤以驻守北平的燕王朱棣最有权势。他于洪武三年（1370）被封于军事要冲古燕国之地，招兵买马，铸钱养民，手握强大的军事武装。

皇太孙的叔叔们对他很不服气，但因父皇在上，隐忍不发。洪武三十一年（1398），明太祖无疾而终，他在遗嘱中称赞皇太孙处世聪敏，讲究孝道，叮嘱诸位大臣尽心辅佐，在封地的诸王驻守原地，不用赴京会葬。同年闰五月十八日，朱允炆继承皇位，改元建文元年，史称建文帝。建文帝以太祖遗诏为由，禁止诸位王叔入京，燕王朱棣已到淮安，闻令只能转回北

京。传言有人想挑拨皇帝与诸位王叔的关系，诸王议论纷纷，惶恐不安，开始操练兵马，准备兴师问罪。建文帝求教于心腹大臣兵部尚书齐泰和侍读黄子澄，决定逐步削除诸王武装，翦除燕王羽翼，最后集中力量消灭燕王。

洪武三十一年（1398）六月，建文帝实行削藩，他首先废除燕王同母弟周王的王位，贬为平民，发配到遥远的云南。一年之内，建文帝相继废除周王、代王、岷王、湘王、齐王，燕王不安于位，私下积极备战。

燕王确实有取皇侄之天下而代之的野心，他手下兵多将广，武器精良，更有个足智多谋的高僧兼能臣姚广孝，为他出谋划策。明太祖周年祭，燕王派三个儿子朱高炽、朱高煦、朱高燧到南京参加典礼，尚未返回北京，考虑到儿子的安危，燕王不敢轻举妄动。他写信给建文帝，以自己生病为由，请求放还儿子。建文帝的智囊之一黄子澄认为，放还燕王三子，可以消除燕王的疑心，而后出其不意一举擒之。燕王没想到儿子能如此顺利地

返回北京，喜出望外，认为是上天庇佑。建文帝的错误决定，彻底消除了燕王的后顾之忧。

洪武三十一年（1398）十一月，建文帝派工部侍郎张昺任北平布政使司，谢贵、张信掌管都指挥使司，控制燕地兵权，监督燕王行动。建文元年（1399）三月，燕王府小官倪谅告发燕王府将领于谅、周铎，两人被押到南京正法，建文帝下旨斥责燕王不法。燕王为掩人耳目，假装得了疯病，在大庭广众之下屡屡出丑，但这一招没有取得预期的效果，由于燕王府长史葛诚告密，张昺等人了解了全部内幕。建文帝决定抢在燕王之前动手。在这关键时刻，张信投向燕王，泄露了朝廷的全部计划。七月四日，燕王借口身体康复，摆下"鸿门宴"大宴宾客，就在酒席间擒杀张昺、谢贵以及告密的卢振、葛诚，燕王花三天时间平定了北京城。以清除皇帝身边的奸臣齐泰、黄子澄为由，打出靖难的旗帜，废除建文帝的年号，续称洪武三十二年，设立完备的中央机构，靖难之役正式开始。二十四日，建文帝以"伐燕"

诏告天下，他把军务全权委托黄子澄、齐泰。由于明太祖大肆杀戮功臣，中央军事力量已大为削弱，战争伊始就节节败退。虽然战场上硝烟弥漫，建文帝却醉心于在深宫和老师方孝孺探讨周代礼制，按《周礼》更改官制，搞得朝廷上下不宁。

经过四年战争，燕王获得全胜，建文四年（1402）六月十三日，燕王统领大军浩浩荡荡开进南京金川门。当燕王来到皇宫时，宫中已是一片火海，建文帝也不知去向。同时，建文帝所使用的宝玺也一起消失。正史记载建文帝在宫中起火时自焚而死。以后成为明成祖的燕王朱棣，在接朝鲜国王的诏书中说："不期建文为权奸逼胁，阖宫自焚。"但是，太监在火后余烬中反复搜检，只找到马皇后与太子朱文奎的遗骸，无法验证建文帝的生死。若建文帝已死，必定有陵，燕王也曾做过祭奠的表面文章，但后人不知陵在何处，连明代皇帝也搞不清楚，明末崇祯皇帝就曾说过："建文无陵，从何处祭？"

另一种说法认为在南京城破之时，建文帝曾想自杀，但在其亲信劝说下，剃掉长发，穿上僧衣，从地道逃出了皇宫，浪迹江湖。明成祖死后，他回到京城，被迎入西内，死后葬于京郊西山。朱棣登位后，也感到建文帝的存在对他的皇位是一种威胁，因此多次派心腹大臣，四处查访。永乐年间的郑和下西洋的随行使团官员中，就有锦衣卫的人员，这显然有暗中察访建文帝的用意。一个事实是，明成祖曾向天下寺院颁布《僧道度牒疏》，将所有僧人重新造册登记，对僧人进行了一个总调查。从永乐五年（1407）起，还派人以寻访仙人张邋遢为名四处出巡，足迹遍及大江南北，前后二十余年。民间传说中，在许多地方留下了建文帝的踪迹与故事。有说建文帝逃到云贵地区，甚至辗转到南洋地区，直到现代，云南大理民间仍有人以惠帝（建文帝）为鼻祖。也有现代学者考证，当年建文帝出逃后，曾藏于江苏吴县鼋山普济寺内，后隐匿于穹窿山皇驾庵，于永乐二十一年（1423）病死于此，葬庵后小山坡上。至此，建文帝的最终下落一直成为历史之谜。野史与民间传说倾向于建文帝出逃说，反映了百姓对建文帝的同情。

燕王取得政权后，实施残酷的"瓜蔓抄"，大肆杀伐，把忠于建文帝的大臣一网打尽，受刑最惨的是被株连十族的方孝孺，全家九族包括师友被杀得一个不留。建文帝的三个弟弟，两个囚死于关押皇族罪犯的凤阳监狱，另一个因住宅失火而死。建文帝的次子被俘时还是婴孩，他被幽禁深宫五十五年，称"建庶人"，英宗天顺元年（1457）重获自由时已是六十老翁，不知世事，不辨牛马，状如白痴。

明末梃击、红丸、移宫案之谜

◎◎◎◎◎◎◎◎◎◎◎◎◎◎◎◎

　　明末涉及神宗、光宗、熹宗三个皇帝的梃击、红丸、移宫案，在宫闱风云变幻之中留下了许多不解隐秘，至今无人能够知晓……

　　明朝万历末期至天启初年，发生著名的三大案，按发生时间先后，分别为梃击案、红丸案、移宫案，都与皇帝后宫有关。万历帝十岁即位，到万历四十八年（1620）去世，在位49年，是明朝历史上在位时间最长的皇帝。

　　三案肇因于万历即位初期。当时，朝廷内部主要大臣之间发生争夺权势和地位的斗争，内阁次辅张居正联合宫内最有权力的大太监冯保，赶走了内阁首辅即内阁排名第一的辅臣高拱，开始长达十年的首辅生涯，直到病故。张居正是万历皇帝的老师兼最有权势的大臣，国

内大小事务，他一言九鼎，变相剥夺了皇帝的权力。在宫内，小皇帝任何一点胡闹，冯保都会跑去报告太后，让他受一顿责罚。万历皇帝虽不开心，一则惧怕母后，二则慑于张居正的威势，只能忍受。由于张居正的努力，明王朝重现国泰民安的短暂中兴局面，财政、军事各方面都整顿得井井有条。

　　张居正于万历十年（1582）因病突然去世。神宗皇帝亲政以后，怨恨张居正、冯保当年的"欺君之罪"，抄了两人的家。神宗皇帝的勤奋只维持了很短的一段时间，从万历中期开始，朝政日益懈怠，大臣的奏疏常被"留中"，即搁在宫中不加处理，三十多年不上朝听取大臣意见，缺了官也不补，中央行政机构六部的长官尚书、侍郎只剩

下四五个，等待补缺的官员齐集京城，丧失经济来源，连正常的饮食都接济不上。同时，万历皇帝贪财的毛病越来越厉害，派太监到全国各地收税开矿，四处骚扰，国家无法维持正常的经济、社会秩序。

神宗帝非常宠爱郑贵妃，爱屋及乌，也特别宠爱郑贵妃所生的儿子朱常洵。本来这是个人私事，但皇帝的偏爱则发展成为令朝廷上下不安的大问题，即所谓的"国本"之争。因为郑贵妃之子不是长子，按照传统儒家伦理规范，册立太子应遵循立长或立嫡的原则，也就是说长子或正妻所生之子才有资格被立为太子。

神宗没有嫡子，他的长子朱常洛为恭妃王氏所生，一直受冷遇。神宗皇帝采取拖延的方法，迟迟不册立太子，他表示要把三个儿子同日封王，以示自己一视同仁。由于廷臣的一再抗议，万历二十九年（1601）十月，朱常洛才得以正式册立为太子，朱常洵同日封为福王。到万历四十三年（1615）五月，发生梃击案，梃击的目标直接对准太子。

梃击案的经过并不复杂，一位名叫张差的大汉，拿着枣木棍，闯进太子住地慈庆宫，打伤守门太监，在大殿廊檐下被捕。对于审讯结果，大臣的意见各不相同。巡按皇城御史刘廷元、首辅方从哲等人认为张差无人指使，属于精神不正常。提牢主事通过私下探听，断定这是谋害太子的阴谋。经过三法司前后仔细调查审问，最终查出，是郑贵妃手下的太监庞保、刘成指使张差所为。庞保、刘成还对张差许诺，只要打杀了人，他们将保他安然无事，他自己一辈子也就不愁吃穿了。

这一结果令朝野震动，朝臣强烈要求提审庞、刘二人，从而使案情大白于天下。但神宗见此事涉及郑贵妃，不愿事态扩大化，只想大事化小，小事化了，坚持只处理到庞保、刘成为止。而朝臣们偏偏又是不依不饶，眼见着又一场君臣交锋要起。最后，皇太子朱常洛为了息事宁人，出面劝道："庞保、刘成是张差疯口乱诬陷的，只将张差治罪便罢了，不要株连他人。"他请求众大臣不要再追究了。这时，神宗也拉着太子的手，以其与太子非常亲密的形象，共同召见大臣，并对大臣们说："朕想皇太子是国家根本，今年已三十四岁，素来孝顺有礼，朕很器重他。众卿家何必疑心我有他意呢？若要换太子，早就换了。何况福王已移居外地，没有圣旨，他是不能回来的。"众臣无奈，只好将此案草草了结，张差被判死刑。据说张差临刑前，以头抢地，大呼冤枉，并喊道："同谋做事，失败了就全推到我身上，为什么众多的朝官竟然无人过问？"但此时已经无人再去理会他的呼救了。后来，张差供词中提到的马三道、李守才、孔道充军边地，庞保和张成两人在宫中被秘密处死。这就是名震一时的"梃击案"。

对于梃击案的真相，后来史书说法不一。但有一点是肯定的，这件事是由宫中拥戴福王的势力策划的，与郑贵妃脱不了干系。以张差一介平民百姓，从没进过皇宫，能在宫中千室万殿的情况下，手持棍棒，一路毫无阻拦，毫无偏斜，直奔皇太子居住的慈庆宫，这不可能是偶然的，若不是有人暗中指点保护，是根本做不到的。

梃击案后，太子朱常洛的地位总算是确立了。万历四十八年七月，明神宗病逝。八月，朱常洛登基，是为光宗。岂料光宗在位仅短短的二十九天，便随父归西。光宗生活没有节制，身体十分虚弱，即位没几天就开始生病，病情越来越严重。鸿胪寺丞李可灼献上自制红丸，朝臣虽不同意，而内监已直接通报给皇上，光宗马上要求服用。服用之后，光宗稍感舒适，连称李可灼是"忠臣"。一觉醒来，又服用一颗，半夜去世。这下掀起轩然大波，首辅方从哲因为没有阻止李可灼进献红丸遭到严厉批评，他原想赏给李可灼50两银子，被迫改为将李可灼免官。这就是红丸案的经过。

对于这突如其来的变故，舆论哗然。人们在感到惊愕的同时，联想到新皇帝登极一个月来的遭遇，人们不约而同地把怀疑的目光转到了郑贵妃身上。应该说，郑贵妃给太子进美女，指使崔文升进药，蛛丝马迹显露无疑，但李可灼是否受她指使，则查无实据。实际上，光宗当时已病入膏肓，难以治愈，只是因为吃了江湖怪药，事情就变复杂了。最后，不但追查到郑贵妃，方从哲也被迫辞职，李可灼被充军，崔文升被贬放南京。

在明朝历史上，神宗是在位时间最长的皇帝，可他的儿子光宗，在位时间却是最短的，只有29天，连年号都没来得及改。人们似乎感到命运造化对人的捉弄，郑贵妃利用神宗对她的宠爱，令常洛几经波折才成为皇太子；而在神宗死后，她还操纵着即位仅一个月的光宗皇帝的命运。常洛虽然登基成了皇帝，却始终未能摆脱笼罩了几十年的厄运。

光宗死后，他的妃子又上演了一出闹剧。光宗宠爱两个妃子，习惯上称东李、西李，西李最受宠爱。郑贵妃决定与西李联合起来掌握后宫，两人一拍即合，郑贵妃建议立西李为皇后，而西李投桃报李，建议封郑贵妃为皇太后。谁知这些建议还未变成现实，光宗便撒手归西。按常规，西李应该搬出居住的乾清宫，让位于继任皇帝。但西李坚决不同意，不仅如此，她还

让太监把大臣的奏疏送到乾清宫由她审阅，颇有"垂帘听政"的架势。那时太子也就是后来的熹宗，年纪尚小，无法可施，只有继续住在慈庆宫。这时外廷有一帮忠烈的大臣，以杨涟、左光斗为首，向熹宗上疏批判西李的不合理做法，从西李和太监手中"抢"出小皇帝，接受朝臣的跪拜大礼。熹宗与他们里应外合，先是迫使西李搬移到仁寿殿，九月初六正式登基后，下旨历数西李的罪状，把西李赶到宫女养老的宫殿。

天启中太监魏忠贤夺取大权后，与强迫西李移宫的大臣成为政治上的对立派，有意颠倒是非，打击政治对手。以后魏忠贤颁布《三朝要典》，为梃击、红丸、移宫三大案翻案，原本清楚的案件因此变得扑朔迷离。两派的斗争延续到南明小朝廷。

神宗死后的一个多月中，宫闱风云变幻，疑案迭起，皇位两次更替，闹剧不断。梃击案和红丸案中留下了许多不解隐秘，如今早已无从知晓，它们和移宫案一起，并称为明末三大案。

李自成结局之谜
◉ ◉ ◉ ◉ ◉ ◉ ◉ ◉

　　李自成当了皇帝的第二天，就因为清军和吴三桂联军的打击，匆匆西撤。清军尾随于后。由于兵溃将乏，一再失利，李自成不得不率部由河南入楚，最后到达湖北通山县。到此之后，李自成的行踪突然不明，西撤后李自成的结局成为一大悬案。闯王陵虽巍然耸立于湖北通山县九宫山，但关于闯王李自成的葬身之地的讨论仍在继续。

　　关于李自成的结局众说纷纭，综合而言，大致有"九宫山说"和"夹山说"两种意见。李自成于顺治二年（1645）死于九宫山的记录，最早见于清靖大将军和硕英亲王、追击李自成的阿济格向清廷的奏报和南明兵部尚书何腾蛟给唐王的奏报。阿济格的奏报说："贼兵穷窜九宫山，随于山中遍索自成不

得。……有降将及被擒贼兵，俱言自成窜走时，携随身士卒仅二十人，为村民所困不能脱。遂自缢死。因遣素认自成者，往认其尸，尸朽莫辨。或存或亡，俟就彼再行察访。"何腾蛟给唐王的奏报说："斩自成于九宫山，以周二南死，失首级。"以后许多史家大多据此两封奏报。

　　《明史》《小腆纪年》《南疆逸史》等史籍具体指明，李自成到九宫山后，队伍散亡，李自成本人被乡民程九百等所杀，同治《通山县志》、嘉庆《湖北通志》赞成此说。另外，20世纪80年代在湖北通山县新发现的《朱氏宗谱》《程氏宗谱》为李自成死于九宫山说提供了新的佐证。早在新中国成立初期，曾掀起一场李自成葬身之地的

讨论，李文治撰文考订李自成最后死于湖北通山县九宫山，郭沫若表示赞成，学术界基本认可了这一结论。闯王陵因此从成县移至通山县九宫山牛迹岭下。

但是，李自成死于九宫山有可疑之处。首先是"尸朽莫辨"，其次是上报李自成死讯的阿济格和何腾蛟，当时一个驻扎在武昌，一个驻于长沙，是从降卒嘴里听到的消息。阿济格因为迟迟交不上首级为李自成验明正身而遭到上司的斥责："闯王既死，应留首级示信，何以首级竟不可得？"当时就有清朝官员对此表示怀疑，清朝使节郑命寿出使朝鲜，朝鲜国王问起李自成下落，郑命寿回答："李自成变服而逃矣。"很可能是阿济格等人报功心切，在形势不明的情况下，听信谣传，报功邀赏。

另外，李自成的余部既未举丧，也未报复当地乡民，不符合常情。当时朝廷档案，对程九百杀死李自成这样的大事居然一字不提。有的学者根据对大顺军撤退线路的考察，认定当时大顺军的主力部队没有经过九宫山，占领通山县三个

多月的只是大顺军的小分支。

首先对"九宫山说"发难的是申悦庐，他撰文考订李自成兵败后并未死于湖北，而是在康熙十三年（1674），老死于湖南省石门县夹山灵泉寺。文章的主要依据是清朝湖南澧州知州所作的《书李自成传后》一文，他经过实地调查，询问当地老人，考订史迹，认为李自成在九宫山制造已死的假象，迷惑追击的敌兵，脱身而去。

在从湖北公安逃到湖南澧州的途中，部下多逃亡，到安福县境内，甩开随从十余人，独自来到夹山寺为僧，成为在夹山灵泉寺的祖师"奉天大和尚"，法号"奉天玉"。

李自成曾自称为"奉天倡义大元帅"，"奉天玉"隐含"奉天王"之义。奉天玉和尚于康熙十三年（1674）圆寂。澧州知州本人见到了曾侍候过奉天玉和尚的老僧，据称，奉天玉和尚顺治初年来寺，说话陕西口音。寺内还藏有画像，与《明史》记载相符。留在澧州的大顺兵余部一直没有推举新的首领，也是因为李自成尚在人世。

清末民初著名学者章太炎力主

夹山说，他到澧州实地采集大量传说，还考证出李自成隐居夹山时，曾以梅花为主题作诗百首，即《梅花百韵》，并搜集到其中的五首，依据这些材料，他系统驳斥了九宫山说。

对夹山说最有力的证据来自地下文物。在澧州发现奉天玉和尚墓地，有骨灰坛出土，20世纪50年代发现的奉天玉断碑，有"子门徒已数千指中兴"等句，口气不像僧人而像将领。修葺夹山寺时，又发现《梅花百韵》诗木刻残版，上面残留诗歌九首。在此地发掘到的文物还包括"永昌通宝"铜币（永昌是李自成大顺政权的年号），刻有"永昌元年"字样的竹制扇骨、铜制熏炉等。

据称，奉天玉和尚墓出土的符碑，刻有四句四言偈语，与李自成的家乡米脂的传统随葬符碑内容十分接近，与米脂当地的一块出土墓碑相比，三句完全相同。而这种墓碑与石门当地习俗有明显区别。另外，奉天玉和尚的次子野拂，据称就是李自成的侄子李过，野拂所撰碑文可与澧州知州的说法相印证。

1996年7月，中国社会科学院历史研究所，成立李自成结局研究课题组，对涉及李自成的实录、档案、方志谱牒、文集、野史等所有材料进行了系统的梳理，并赴实地调查，请有关考古专家进行文物鉴定，研究成果于1998年由辽宁人民出版社结集出版，书名即为《李自成结局研究》，研究结果认定，奉天玉和尚与李自成为不同的两个人，出土的奉天玉和尚的文物刚好足以证明奉天玉和尚其人的存在，而不能证明李自成1645年后尚在人世，出家为僧。

虽然学术界尚无最后的定论，但"奉天玉和尚"越来越引起大众的兴趣，并以僧人身份，成为武打小说的主角。

陈圆圆之谜

⦿ ⦿ ⦿ ⦿ ⦿

陈圆圆本是苏州名妓，由于她在明末清初与几位风云人物如崇祯皇帝、李自成、吴三桂等皆有关系，身世复杂，遭遇奇特，引人注目。虽传说她晚年自沉昆明莲花池，但至今在昆明未见其墓。究竟魂归何处，还是谜团。

陈圆圆本名陈沅，苏州人，原姓邢，因幼年丧母，被送到姨母处抚养。她的姨父本是货郎，经常请歌人来家日夜欢歌，导致财尽破产。她的姨母是领养幼女转卖妓院的老手，破产以后，不顾亲戚之情，将陈圆圆卖到青楼为妓。

陈圆圆曾随姨父学唱，8岁时即能登台扮演杨贵妃、虞姬、崔莺莺，扮相极佳，又兼嗓音圆美，又会填词，十几岁便红遍江南，"色艺擅一时"，芳名远播。

江南四公子之一的冒辟疆，曾想为她赎身，永结秦晋之好，但崇祯皇帝的国舅田弘遇却先他一步来到了江南。因崇祯皇帝的宠妃田妃看到战乱四起，皇帝心头不乐，便有心让父亲到江南为他选一个绝色女子。田弘遇选中了陈圆圆、杨宛、顾秦等人献给崇祯帝。但崇祯忧劳国事，无心淫乐，陈圆圆又被送回田家。在田府，生活优裕，锦衣玉食，既有天生的好嗓子又工于音律的陈圆圆研磨歌舞，技艺大进，声名响彻京城。就在这时候，一个不速之客闯进了她的生活，他就是吴三桂。

吴三桂时任宁远总兵，手握十万精兵，在明末军事将领中属于第一号实力派人物。崇祯皇帝对他心存忌惮。松山一役他退兵自保，

一代佳人究竟魂归何处

崇祯有心杀他却又担心军中无人，不能下手。有一次吴三桂回京时，田国丈请他来府里一聚，他想结交这个实力派以图自保。田国丈叫来陈圆圆为吴三桂殷勤劝酒。吴三桂一见之下，惊为天人，又惊叹她的才艺，于是开口向田弘遇索要陈圆圆。田弘遇无奈之下，将陈圆圆送给了吴三桂。

吴三桂喜得陈圆圆，本想带她同去山海关，但由于父亲吴襄极力劝阻，只好将陈圆圆留在父亲府中。

不料，不久之后，李自成农民起义军一路所向披靡，势如破竹，迅速攻占北京。崇祯帝本想调吴三桂来京保驾，不想农民军迅速占领北京，崇祯在煤山吊死，明朝灭亡。

农民军进京后，大将刘宗敏因早闻陈圆圆芳名，便到吴襄府上拷问吴襄，掠走了陈圆圆。李自成本来已派牛金星带着自己的书信去招降吴三桂，而吴三桂眼见明朝已亡，李自成又在北京建立了大顺政权，他便暗生归闯之意。可就在他举棋不定的时候，传来了父亲被打、圆圆遭抢的噩耗，立刻，"痛哭三军俱缟素，冲冠一怒为红颜"，表面为崇祯举丧，实则为报伤父夺妻之恨，决心与李自成为敌。为了打败李自成，吴三桂不惜投降清兵。清军虎视眈眈，因吴三桂之降，不费一兵一卒，占领山海关，随即大举侵入中原，建立了清王朝。

吴三桂一家38口遭李自成军屠戮，父亲吴襄头颅也被砍下，但陈圆圆却奇迹般地幸得不死，最后终于回到吴三桂身边。

吴三桂接受清世祖封赏，受命带兵杀向云南，他后来镇守云南，成为一方藩镇。为了邀功请赏，他追击南明永历帝至缅甸境内，并将永历帝父子二人双双勒死，消除清政权的一大隐患。

吴三桂官越做越大，在云南权重兵广，拥兵自重。清王朝为了拉拢他，将他原配妻子封为福晋，又把和硕公主嫁给他的儿子。吴三桂在云南为陈圆圆建金殿，效吴王馆西施故事，又派人寻找陈圆圆的亲人，给予殊遇和厚禄，陈圆圆得宠多年，极富极贵。

吴三桂淫心难足，野心膨胀。在陈圆圆之外，又有"四面观音"、"八面观音"等美女与陈圆圆争宠。陈圆圆年长色衰，看破红尘，立意吃斋念佛，不与他人争宠。吴三桂要封她为正妃，被她婉言拒绝。

康熙十二年，玄烨下令撤云南藩镇，调吴三桂去镇守关东。吴三桂抗旨不遵，树起"反清复明"大旗，与官军对峙。陈圆圆已看出吴三桂不得人心，曾多次劝阻他，但吴三桂不为所动，在失望之余，陈圆圆经他允准，随玉林禅师做了尼姑，法名寂静。

吴三桂势单力孤，负隅顽抗。于康熙十七年三月称帝，建国号周，改元昭武，颁制新历。但吴三桂的朝秦暮楚实在不得人心，在清军强大武力攻势下，吴三桂很快忧急病死。清军很快攻下昆明。

吴三桂起兵之初，陈圆圆已料他必败。昆明被清军攻陷，陈圆圆搬入昆明城外的三圣庵。几年以后，清将蔡毓带兵去三圣庵抄查古玩，见到陈圆圆，引动色欲。陈圆圆一生遭际多多，不愿再次受辱，更何况看透了人世无常，便投莲花池自尽了。

由于陈圆圆经历奇特，她的结局也引起不少人关注，传说很多。有人说她死于苏州，也有人说她死于上海，更有传说她葬于陕西，或葬于四川的。但由于没有可靠史料记载，皆成臆测。死于昆明之说似较为可信，但又一说，陈圆圆参与了吴三桂的反叛阴谋，兵败后与吴三桂一同被杀。

陈圆圆究竟魂归何处？现在无论是苏州、上海还是昆明，都没有发现陈圆圆的墓地，史料中也缺少记载，所以对于陈圆圆的结局，至今还是谜。

顺治皇帝退位之谜

◉ ◉ ◉ ◉ ◉ ◉ ◉ ◉

电视剧《康熙大帝》中，有这么一段：康熙之父顺治帝，由于爱妃董鄂妃去世，悲痛欲绝，看破红尘，便出家当了和尚。并作下一首诗：

我本西方一衲裟，为何生于帝王家？

天下万事纷纷扰，不如空门补破衲。

人们不禁要问，堂堂大清皇帝，怎么会为一个妃子出家当和尚呢？有关顺治皇帝出家真假的争论也见诸报端。

董鄂妃长得如花似玉，十分招顺治喜欢，由于她的突然去世，再加上三年前太子的夭折，顺治帝自然十分悲痛和愤懑。当时便下了一道极为不寻常的旨意：全国上下都要为爱妃董鄂氏服丧。规定普通百姓也要服三日，官吏更长，要服一个月。同时还命令亲王以下，满汉四品以上的公主、王妃都要齐集远门外哭灵，一旦发现有人哭得不动情，还要严惩不贷。人们普遍认为，这之后的顺治根本无心再理朝政，心灰意冷、百感交集，其亡妻之日，也就是他结交佛缘之时，出家当和尚极有可能，并有各种史实给以佐证。

其一，康熙曾四次上五台山，为的就是探望他的父亲顺治。

其二，据史料记载，康熙执政期间，曾率领两宫到西北狩猎，沿途经过晋北，本想到地方要些御器来用，可地方哪有如此精致的器皿，所以康熙只好派人到附近的五台山去借。据说，借来的器皿非常精致，民间绝对没有。况且康熙之所以派人去借，肯定他知道五台山有御器可用。人们据此推测，这肯定是当年顺治所用之物。

其三，顺治本来就十分迷恋佛教，还专门请浙江报恩寺住持王林琇入宫，为自己取法名"行痴"。特别是在董鄂妃死后，顺治由于悲痛至极，便开始有了出家当和尚的念头。于是有一天，他强令一个佛门师兄为自己落发。师父王林琇听说以后，大为吃惊，于是忙赶到宫内，劝说顺治身为皇帝不要出家当和尚，否则天下必将大乱。王林琇一看顺治决心已定，哪能听得进劝言。于是一怒之下，要把这位顺治佛门师兄活活烧死。顺治心想根本不愿这位师兄，便才答应不再做和尚。可仍要坚持用一个太监替他出家，才得以结束这场闹剧。

有这么多证据摆在面前，所以多数人都认为顺治的确出家当了和尚。但民间广为流传的病死之说，却给"出家"划上了一个大问号，毕竟顺治身为大清皇帝。

据《王文靖集·自撰年谱》记载，顺治十八年的元旦，众臣本应该朝见皇帝，以示庆贺，可朝廷突然下令，今天不用朝见。然而顺治却在养心殿破例召见了此书作者，并赐座，赐茶。

第二天，他再次被顺治召进宫内，并长谈很久，直到晚上才出宫。第三天，顺治又在养心殿召见了他，并破例让他坐到龙床上，两人说话多时……

如此般的接连召见，肯定是商谈绝密的大事。"立储"虽然是件大事，可此时的顺治才刚24岁，正值壮年，莫非……

更为奇怪的是，初六晚他又被顺治召入养心殿，并且顺治对他说，他得了天花，可能支持不了多久，遂要求他赶快替其写诏书。诏书一连写了三遍，才使得顺治满意。晚上顺治便离开了人世。

此集作者是顺治最宠信的汉族大臣王熙，他的亲临亲见自然可靠。同时他也在书中讲到，三次进宫商谈之事关系重大，不敢在书中披露，后人就不得而知其中详情了。

《青稗集》中也有记载，正月初二，皇帝还到悯忠寺观看太监吴良辅削发为僧仪式，初四九卿大臣才知道顺治得了重病。初五，大臣们发现庆祝春节的对联、门神都被撤掉，宫廷也有点怪怪的，好像发生了大事。初七晚，朝廷不知为何下了大赦令，同时禁止民间炒豆、点灯和泼水，这正是当时祈福天花患者的民间风俗。

顺治死后，选择康熙作为皇帝，据说康熙以前得过天花，而天花患者不会再得天花。从这个角度讲，顺治的确可能死于天花。然而，还是有人怀疑这是顺治精心策划的一场骗局，目的是想掩盖自己出家当和尚的事实。

历史学家分析，顺治从小就生活在重压之下，精神和心灵都受到极大的扭曲。他深爱的董鄂妃之死，更是让他悲愤至极，因此看破红尘，出家当和尚完全可能。

还有一点让人不解的是，顺治帝的陵寝，为何埋葬的不是顺治的棺材，而是骨灰罐呢？谁又敢保证顺治不是死于天花呢？看来，"出家"真假，还得历史学家进一步考证。

和珅之死的谜团

◉ ◉ ◉ ◉ ◉ ◉ ◉

　　清朝第一贪官和珅靠贪污受贿聚敛了大量财产，数目之多令人吃惊。于嘉庆四年被抄家，定赐死之罪。然而，和珅真的是死于贪污之罪吗？

　　据历史记载，和珅属满族正红旗人，生于乾隆十五年，住西直门内的驴肉胡同，先世并不显赫，于乾隆三十四年充任三等侍卫。侍卫一职起源于宋代，当时由兵马司管辖和挑选。但到了清代却有了根本变化，为了排除汉人而维护满洲人的统治，因此决定由满洲、蒙古王公大臣有能力的子弟及武进士充任，其职责是皇帝的侍卫和扈从。由于他们紧跟皇帝的身后，最容易受到宠信，因此，许多重臣将相都由皇帝直接从侍卫中任命。和珅虽然才华并不出众，但却长得仪表

堂堂，据说正是这一点才被乾隆选中，被任命为三等侍卫。此外，还有一种说法是和珅长得像乾隆的妃子，所以才被选中，由于在众多侍卫中，和珅最能体察"圣意"，顺应"圣意"，并事事都能够让乾隆这位好大喜功、性喜奢靡、浪费无度的皇帝感到满意，所以深得乾隆的喜欢。和珅从而步步高升，直至文华殿大学士。

　　正史记载，和珅是因为贪污才被嘉庆皇帝赐死的。其实，嘉庆早就对和珅不满了，因为他事事都要提及"太上皇"（即乾隆），让嘉庆办事感到棘手，甚至要见一见父亲，也需经和珅"批准"。和珅这一越厨代庖的做法，当然会让想要掌握皇权的嘉庆产生反感，因此，和珅的结局便可以想见了。

据李伯元《南亭笔记》中的描述，嘉庆欲除掉和珅是早有打算的。而且历史事实与此也十分接近。据史载，乾隆于嘉庆四年正月初三去世，和珅次日就被软禁起来，接着，大臣们纷纷向嘉庆递上弹劾他的奏章。没过几天，和珅便因二十条大罪被捕入狱。和珅"跌倒"后，他的府邸被转赐给恭亲王，成为人们现在所熟悉的恭王府。由此可见，和珅真正被赐死的原因很可能不是什么贪污受贿，但也不能就此肯定是嘉庆故意要为难他。也许其中真正原因，只有嘉庆自己心里清楚。

李莲英生死之谜

◉ ◉ ◉ ◉ ◉ ◉ ◉

1966年，在北京海淀恩济庄，发现了大太监李莲英之墓。李莲英是谁呢？他是慈禧太后的大红人。

人们发现他的棺材是紫红色金丝楠木做成的，四角各有一个乒乓球大小的宝珠，还有金烟碟及珍珠、翡翠、玛瑙不计其数。其中最罕见的是一颗钻石，比英国女王伊丽莎白戴的那颗还大。还有三件宝物：一柄汉朝的青玉土浸剑，一只汉朝的满黄浸玉镯，一件宋代的青玉褐浸环，堪称无价之宝。

让人不可思议的是，在这么豪华富丽的棺椁里，只有一颗腐烂干净的骷髅头！头部以下空空荡荡，连一节小骨头也没有！

据考证，他的墓里宝物俱在，墓壁完好，肯定没经过任何盗墓和发掘。他才死了55年，尸骨不可能腐烂到一点不见的程度。这让世人不能不认为他死以前，就已经"身首异处"了。

这位在慈禧背后呼风唤雨的人，为什么不得好死呢？引起世人对他的种种猜测。

李莲英生于1848年，直隶河间府人。7岁净身，9岁入宫，当了小太监。12岁那年，一个偶然的机会，使他得到慈禧的赏识，从此平步青云。

李莲英为人圆滑，左右逢源，面慈心狠，工于心计，是众人所知的。一次，慈禧派他随醇亲王去检阅李鸿章办的北洋水师，实际是作为暗探摸清水师兴建的费用是多少。原来在京城时，醇亲王都是要求助于李莲英，而这次随行的李莲英却一反常态，对醇亲王恭敬极了，连打洗脚水的事都干，把醇亲王侍奉得舒舒服服。他还假装谦逊，逢人便点头哈腰，口口声声说此次出行就是侍候王爷的，甚至李鸿章为他安排的豪华房间也不睡，偏要去睡下等舱。其目的就是要使众人对他毫无戒备，他则能到处刺探实情。果然，他不负慈禧之厚望，不但了解了水师所需费用，还查知了李鸿章将建水师余款存于国外的消息。又如，他对光绪的态度，变法失败之后，光绪皇帝被囚于瀛台，每天送给光绪的食物不是馊的，就是陈饭剩菜。但李莲英每逢向光绪请安，总要带些点心给他，使光绪很感动，给人一个心地善良的印象，其实，李莲英是慈禧的死党，心里对光绪则是另一种态度。

李莲英死后身首分家，肯定是被杀。那么他是被谁杀的呢？

有人猜测，他可能是触犯了国法被杀身的。这很符合他身首异处的实际情况，但斩杀李莲英是个重大事件，重要史料均无记载，似乎难以让人信服？

有人说，李莲英是因为讨债，

被人暗杀于河北、山东交界之处。据说李莲英的私产有500余万两白银，眼红他财产的人早就想下手，再加上李莲英生前对人勒索甚多，得罪了许多人。当初，因为慈禧在，"大树底下好乘凉"，等慈禧一死，他没了靠山，有人对他暗下毒手是很有可能的。

还有人说，他是病死的。他的后人曾说他是善终，是因得了痢疾，医治无效病故的。由得病到病终前后仅四天时间。他一生虽然享尽了荣华富贵，但始终认为自己是个太监，为"半残之身"而羞耻，以为死后没脸去见自己的列祖列宗，于是留下遗嘱，死后只留头颅，将身体舍弃掉了。这种说法按中国的传统，似乎有一定的道理，但没有确凿的证据。

还有的人说，他是被暗杀的。因为当时正值辛亥革命爆发前夕，暗杀成风。李莲英是慈禧的鹰犬，与慈禧狼狈为奸，卖国求荣，干尽了坏事，为了打击封建势力和旧王朝，革命党人刺杀了他。

种种猜测在没有确凿证据前，都只能还是一种猜测而已。